U0917380

图书在版编目(CIP)数据
爱自己，怎么活都精彩 / 戴晨志著.—海口：南海出版公司，2013.6
ISBN 978-7-5442-6535-5

Ⅰ.①爱… Ⅱ.①戴… Ⅲ.①成功心理—通俗读物 Ⅳ.①B848.4-49

中国版本图书馆CIP数据核字（2013）第136784号

著作权合同登记号 图字：30-2008-208

爱自己，怎么活都精彩
戴晨志 著

出 版 南海出版公司 (0898)66568511
海口市海秀中路51号星华大厦五楼 邮编 570206
出 品 北京读书人文化艺术有限公司 www.readers.com.cn
发 行 新经典文化有限公司
电话(010)68423599 邮箱 editor@readinglife.com
经 销 新华书店

责任编辑 聂 敏
特邀编辑 张 铁 王 卫
装帧设计 古涧文化
内文制作 王春雪

印 刷 三河市中晟雅豪印务有限公司
开 本 890毫米×1280毫米 1/32
印 张 9
字 数 145千
版 次 2013年6月第1版
印 次 2013年6月第1次印刷
书 号 ISBN 978-7-5442-6535-5
定 价 28.00元

爱自己，怎么活都精彩

戴晨志 著

南海出版公司

第三章　采取主动，命运即可改变

第四章　不畏嘘声，含泪向前迈进

第五章　摸石过河，必须踏稳脚步

目 录

第一章

勇敢站出来，才会有机会

在人生路上，决不能畏缩，必须勇敢站出来，才会有机会！因为我们决不会被高山绊倒，会将我们绊倒的，常是我们心中懦弱胆怯的“小石头”啊！

想成功的人请举手

有一时的侥幸，没有永远的埋没！

有一位刘老先生向报纸投稿说，一天早上，他见一个年轻人正把房屋中介的广告绑在树上，就客气地问他："先生，请问你知不知道，前不久市公所清洁队才刚清除完树上的房屋广告？"

"知道啊！"年轻人不高兴地回了一声。

"既然知道，为什么还要绑呢？破坏市容整洁是违法的呀！"

年轻人听了，仍继续绑广告，头也不抬地说："还不是为了赚两个钱。"

"难道你只为了自己赚几个钱，就违法来破坏环境、跟法对抗吗？"老先生义正词严地说。

"违法？呵，违法的事多啦，很多有钱人乱停车还不是违法！"年轻人回答。

"你是说'要违法，大家一起来违法'啰！那我们这个社会还有什么希望？"

"是没希望啊！"年轻人说完，跨上机车[①]，又去前面一棵

①即摩托车。

树绑广告。

“是没希望啊！”……我似乎看到那年轻人丢下这句话、跨上机车扬长而去的那一幕！有点好笑，也有点心酸；一个社会若没希望、一个年轻人若没希望，是多么可怜、多么可怕！

我曾在报上看到一位读者写道，有一次坐公交车时，司机突然把车子停到路旁，然后把车门打开，对着后座的人大声叱喝：“后面三个中学生，你们马上给我下车去，下去！听到没有？下——去——”

正当全车乘客莫名其妙地往后看时，司机又大吼着说：“现在教育已经很失败了，你们三个还坐在后面抽烟！我现在只要把车子开到派出所，你们每个人都要被罚三千元！①你们觉得赚钱很容易吗？现在经济这么不景气，你们父母赚钱很辛苦知不知道？”

此时，全车的人都愣住了，司机又从口袋里掏出一百元纸钞，说道：“这是我老婆早上拿给我的，是午餐、晚餐要吃饭的钱，可是现在已经是下午五点多了，我一分都没花，我忙着开车载客，哪有时间吃饭？我肚子也很饿耶……你们才念中学，不知学好，还拿钱买烟来抽，你们都给我下车！”

可是，那三个中学生，依然一副“你管我，我高兴”的模样。

在小学，有一老师要小朋友们造句，题目是“咦……

---

①本书中的货币单位“元”均为新台币。

怎么……”

其中一小朋友写道：“咦……我怎么死了？”

要怎么活，才算活呢？有些树，虽然看起来枯槁，可是在冬去春来时，枝头上仍努力地生长出绿叶！拾荒老人王贯英，虽然天天捡垃圾、收破烂，但他仍有“盖座图书馆、造福学子”的目标与希望！

然而有些年轻人，每天吸食安非他命、赌博、抢劫……没希望地浑噩度日，过一天算一天；或许有一天，他会惊觉——“咦？我怎么死了……”

事实上，没目标、没斗志、没生气地活着，跟死了没啥两样！所以，作家王大空先生生前曾有一句座右铭：

“树的方向，由风决定；人的方向，自己决定。”

是的，或许没有人是我们的敌人；我们真正的敌人是——自己懒惰、懈怠、没有方向、不知奋发向上、不知坚持到底的心啊！

激励小站

假如问：“想成功的人请举手！”相信绝大部分的人都会举手。但如果问道：“想吃苦的人请举手！”可能很多人都不会举手。

许多人没有开创性、冒险性，他们不喜欢为自己订下目标，也不愿意吃苦，只想坐享其成、一步登天。可是，人的成功很少有快捷方式！或许有人是“坐电梯”，幸运地飞黄腾达，但我们不能奢望自己也会有如此的好运。我们最好还是脚步实在地“走楼梯”比较稳妥。

而且，在“走楼梯”时，还得不断地告诉自己——我是年轻有为的、我是有目标理想的；或许有一时的侥幸，但绝对没有永远的埋没，我一定不会被埋没，我一定会成功！

的确，也许我们没有选择出生环境的权利，但我们绝对有改变生活环境的权利；当我们可以决定自己命运的时候，一定不能把命运寄托在别人手上！

因此，让我们想一想——我还有什么心愿？还有什么梦想？我一定要完成它！人生如果没有梦想，是最可怜的，岂不是比穷人、乞丐还糟糕？

“山高，人更高！路长，腿更长！”只要我们有信心、有毅力，就一定可以改变命运，让美梦成真！

人活着，岂是庸庸碌碌就可以的

一定要“以今日之我，胜昨日之我”哦！

报载，有一位六十六岁的罗连芳老先生，到新竹市某补习班，要求报名上课，准备参加一年后的四技二专考试。补习班职员听了，当场傻眼，怎么会有“祖父级”的人来补习？这太扯了吧！

然而，罗老先生真的每天风雨无阻，拎着小背包，从关西开车五十多分钟到补习班来上课。他第一次走进教室时，有同学还莫名地问：“请问你找谁？”

尽管与“孙子辈”的同学们一起上课，似乎感觉很突兀，可是罗老先生不以为忤，他甚至在上课前一小时就走进教室，坐在第一排。上课时，戴着老花眼镜看课本，或聚精会神地听课。九点下课后，他开车回到家，常已经十点了，这时才吃老伴为他准备的晚餐或点心。

罗老先生原本是农夫，小时候家中务农，收入低微，所以小学毕业后，他就当了铁匠学徒，后来又以开铁工厂为业；而他的两儿两女，也都顺利念完了大学。

六七年前，罗老先生在为客户搭建钢架屋时，两次从屋顶摔下，其中一次更遭高压电击，幸好及时获救，才捡回一条老命。后来，在病床上躺了半年的罗老先生想到“人生不可能一直那么幸运”，所以就关闭铁工厂，开始退休生活。

可是，人一退休，没事做，日子很难过，脑子也不好使了！于是，当时六十岁的罗老先生进入桃园龙潭中学补习学校就读；毕业后，又继续念龙潭农工补校机工科。

或许我们会怀疑，他这么老了，能不能顺利毕业？

别担心，罗老先生自制力很强，从他下定决心念补校开始，就戒烟戒酒！他说，当学生若还抽烟、喝酒，脑袋昏昏沉沉怎么上课？所以念补校六年间，罗老先生不抽烟、不喝酒、不缺课，每天下课后，还温习功课到凌晨一两点。

就这样，罗老先生在龙潭农工以第一名的优异成绩毕业，还一手囊括校长奖、德育奖、全勤奖、长春奖。天哪，酷毙了！真是愈老愈勇猛啊！

罗老先生在参加高职补校毕业生检定考试时，语文与数学都拿了满分；专业的机械原理与机械工作法都只错一题；满分二十分的作文，也拿了十二分。这成绩在该地区近万名的补校毕业生中，排名在四十名之内。

一天，罗老先生接到陆军官校打来的电话，告诉他：“罗同学，以你检定考试的优异成绩，可以免试进入陆军官校就读，你愿不愿意来念啊？”

“真的啊？”罗老先生接了电话，又惊又喜地说，“可是，我今年已经六十六岁了，你们真的还愿意让我念陆军官校吗？”

对方一听，连忙道歉说：“对不起、对不起，我们从电脑中只能看到您的成绩，看不到您的年龄……”

罗老先生说，重拾课本之后，和年纪小他半世纪的孩子们一起同窗苦读，让他感觉年轻很多，而且规律的生活，更让他充满活力！

罗老先生的真实故事，让我想起梁启超先生的一句话：

“以今日之我，胜昨日之我；以明日之我，胜今日之我！”

人活着，岂是庸庸碌碌就可以？人老了，岂能只麻木地等待临终一刻到来？

我告诉自己，必须学习罗老先生努力不懈的精神——挑战懒惰的自己、战胜懈怠的自己，不管是晴朗的艳阳天，或是阴冷的风雨天，都理当如此呀！

激励小站

有人说，四十岁是人生的分水岭，到了四十岁，如果仍是一无所成，一生可能就没什么成就了。可是果真如此吗？曾任北京大学校长的蔡元培先生，过了四十，毅然放弃官职，前往德国莱比锡大学读书，虽然属“老学生”，可是奋斗不懈、努力向前的心，却是无比年轻啊！

王永庆先生四十岁时在干什么？那一年“台塑”刚刚成立，规模很小，产品完全卖不出去，几乎要失败。幸好，尹仲容先生指点他开拓外销，才令他熬过这一关，闯出一条生路来，终于成为台湾的“王永庆”。

所以，四十岁、五十岁、六十岁能干什么？答案是——有人可以成为“新人”，但也有人可能变成“怪物”！只要有心，愿意活到老、学到老，挑战自己，就可以成为重新出发的“新人”；但如果心僵硬，身体、脑袋也会随着僵硬，而使自己变成懒散颓废的“怪物”。

其实，读书、学习并不只是小孩或学生的事；每个人都应该不断地充实自己、努力学习，让自己天天神采飞扬！

所以，让我们每秒钟都成长，每分钟都创造辉煌，成为自己生命的“指挥家”，演奏出我们——最美妙的生命乐章！

她用自己的身体，勇敢地面对挑战

人最大的悲哀，就是怀疑自己的能力！

一九九九年，在台北市举办的“台北文学奖”露天颁奖典礼中，得奖的写作高手们排排站，等待拍合照。其中，有一位瘦弱的女子，静静地坐在轮椅上。显然，她的高度比其他得奖者矮了一截。

她，王秋蓉小姐，出生七个月就罹患小儿麻痹症，两腿和左手都是软绵绵的，没有力气，只有右手还可以用点力。在十四岁以前，她没见过外面的世界，因为她是残障小孩，不能走路，无法和其他小孩一样蹦蹦跳跳、到处玩耍。

十二岁那年，王秋蓉从台北到屏东基督教医院接受手术，把弯曲变形的脚拉直。直到十四岁，她才第一次上小学，与小朋友一起学习注音、算术。

“有时候，我很沮丧、很挫折。为什么老天这样待我，让我手脚都没力气、不能走路？”秋蓉坐在轮椅上，对我说，“有时我好怨、好不甘心哪！”

所以，秋蓉在她的得奖文章《走出去》中写道：“幼年失学在家，家，对我而言，几乎变成了囚犯的牢笼，而窗外则是我整个童年的世界，每日朝迎晨曦，晚送夕阳……”、“我是个终生被剥夺行动能力的人，在种种贫乏的生活中，对环境的耐力与生存意志的严酷考验，是非常痛苦的一个过程。”

而在客厅里，秋蓉告诉我，身为不能站、不能走的残障者，生育、养育小孩的难处——“我是剖腹生产的，小男婴一生出来，最痛苦的是要怎么帮他洗澡，我先生也是残障者，他白天要赚钱养家，我一个人在家照顾小孩。我只好把一盆子的水，慢慢、慢慢地拖到卧室墙边，我的左手没有力，但还可以靠着墙、撑着小婴儿的头，我就用右手慢慢帮他洗澡，我……我好担心他会滑进水里、溺毙！”

就这样，秋蓉用一只手帮小婴儿洗澡、喂奶，可是，她动作慢，每洗一次澡、喂一次奶，都要比别人多花三四倍的时间。

有时，小婴儿因体质差，常发高烧、气喘，看着病痛的儿子，等不及先生下班回来，秋蓉就自己坐上轮椅，抱着小婴儿，独自推着轮椅去医院。家穷，坐不起出租车，人行道又没有无障碍设施，她的轮椅上不去，只好抱着小孩，让轮椅和汽车、机车一起走在马路上。

许多汽车、机车从旁呼啸而过，秋蓉手上的儿子哇哇大哭，她也跟着一起哭……医院的路，是那么遥远、那么漫长，还要推多久啊？虽然推轮椅的右手已经酸得快不能动了，但是她还是忍住痛、忍住泪，绝不放弃，继续推、再推！因为——“孩子是我的责任，既然我已经生下他，就有责任照顾他长大！”秋蓉说。

好不容易穿过来往的车流，而怀中的娃娃似乎也知道，妈妈的右手要推椅轮，自己必须紧紧地抓住妈妈的衣角，才不会滚下轮椅。可是，一到了医院，妈妈又开始哭了，因为层层的阶梯，妈妈上不去、没办法抱你去看医生啊！

好，儿子乖、不要哭、不要哭，妈妈心疼啊！此时，秋蓉只好按急救铃，请护士出来，把娃娃抱进医院就诊。

小婴儿终于慢慢长大了，开始学爬、学走路了。可是，妈妈还是不会走路啊！秋蓉爬下轮椅，陪着脚步蹒跚的儿子在地上爬；秋蓉趴在地上，先往后退一步，再拉着儿子往前进一步！儿子啊，小心走、慢慢走，别跌倒哦！要倒，你可以向前倒，倒在妈妈身上；妈妈虽然残障、不能走路，但身子还可以给你当肉垫，你可不能跌伤、跌疼哦！

“当时，您没有请保姆带小孩啊？”我问秋蓉。

“没有。一来经济不允许，二来我怕小孩如果长期让保姆带，以后回来看到我残障的样子，会不能适应！”秋蓉笑着说。

幸好，儿子很乖、很听话，不调皮、不会惹麻烦。而从儿子念小学开始，一年四季，不管是晴天或雨天，秋蓉都交代儿子要带伞！有时，同学会取笑他，大太阳干吗还带伞？脑壳坏掉了！可是，儿子啊，你要记得，天有不测风云，艳阳天，还是有可能突然下起雨！如果变天了、下雨了，妈妈不能走路，不像别人的妈妈，可以一通电话打回家，就立刻把雨伞送去给你呀！你记得，每天都要带伞，不要怕别人笑，不然，妈妈会担心呀！

一切痛苦，都将成为过去！是的，秋蓉克难自励，咬紧牙关、坚忍地走过坎坷的岁月。而日渐长大、懂事的儿子，也成为妈妈的双脚，背着妈妈上上下下、帮妈妈分担家事；更让妈妈高兴的是，今年已念二技的儿子，还得过两次“孝行楷模”的表扬。

在结束访谈，即将告辞时，我对秋蓉说：“再次恭喜您得到台北文学奖，下次我再多带一些我的书给您，请您指教！”

“噢，不用急，我看书很慢！你今天送我三本，我就要看很久了！”秋蓉对我说，“我必须躺着看书，因为我的身体没有力气，坐不住。可是躺着看书，把眼睛都看坏了，现在我近视九百度，眼压很高，每次看书二十分钟，就要休息一下。”

“您坐不住的话，怎么写稿？”我问。

“我都是趴在床上写……写一会儿，就要停下来休息！”

只有中学学历的秋蓉，坚毅不屈地趴在床上，一字一字地写作，目前她已发表七十多篇充满生命力的文章。

走出秋蓉租住的屋子，万分的感动，流过我心。

激励小站

看过日本电视剧《阿信》吗？阿信生长在贫穷家庭，常受人欺负，但她总是乐观、微笑，从不掉泪！看过电影《乱世佳人》吗？在战乱中，郝思嘉的恋人离去，但她从不掉泪。她对未来仍抱持希望，所以她说："明天太阳依然会升起！"

是的，人生难免有许多挫折，也可能有许多悲戚的际遇，但不管今天如何糟糕，一样都会过去，明天依然会有阳光与花香！

其实，人最怕失去信心与勇气，也最怕放弃自己！本文主角王秋蓉小姐虽然残障、无法行动，但她用自己的身体勇敢面对挑战，也用全部的爱与力气来抚养儿子。如今，苦尽甘来，孝顺的儿子成为她最大的慰藉，而文学作品的屡屡得奖，也成为对她的极大鼓励！

有人说，人生最大的悲哀，就是怀疑自己的能力！

的确，在人生路上，决不能畏缩，必须勇敢站出来，才会有机会！因为我们决不会被高山绊倒，会将我们绊倒的，常是我们心中懦弱胆怯的"小石头"啊！

要征服自己心里的“内太空”

成功的关键，在于不庇护自己的缺点！

有一个帅哥，在结婚前夕特别请教岳父：“张伯伯，我明天就要和小玲结婚了，不知道您对我有没有什么忠告？”

岳父说：“忠告是没有啦，不过，我想告诉你，请你结婚以后不要常常批评小玲的缺点，或常责怪她脾气不好、做错事。你要记得，我们家小玲，就是因为她脾气不好、有很多缺点，所以才没有办法找到更理想的丈夫！”

每个人都有自己的缺点，但一般人常常只看到别人的缺点，而不清楚其实自己的缺点也不少！所以，很多人常埋怨公司的领导很差劲，只会逢迎拍马、看上不看下；也批评其他同事故意打小报告、整天三姑六婆，唉，真是有够倒霉的！我……我受不了了！

可是，在领导、同事眼中，我们自己可能也有不少缺点哦！

《说苑》中有一则寓言故事，大意是一只猫头鹰在天空飞翔时，碰到了一只斑鸠；斑鸠问道：“猫头鹰啊，看你一副急急忙忙的样子，准备要飞到哪里去啊？”

“我呀，我正要搬到隔壁村去住呢！”猫头鹰说。

“这里就是你的故乡，你为什么要搬家呢？”斑鸠又问。

“我……我在这里实在是住不下去了，这里的人水平都很差，全都讨厌我在晚上唱歌呀！”猫头鹰委屈地说。

这时，斑鸠对猫头鹰说：“你的歌声是不太好听，在夜里常打扰到别人睡觉，难怪人家会讨厌你！如果你能改变一种声音，或不要在夜间唱歌，大家就会喜欢你了。不然，你搬到隔壁村去住，隔壁村的人还是一样会讨厌你啊！”

是的，一个人的缺点不改、个性不改，只会一味地埋怨环境、责怪别人，又怎么能使自己成长呢？

古今中外的伟人或成功者，能取得成绩的关键，往往在于能发现自己的短处，而且，有决心、有勇气来改正短处，战胜自己！

所以，美国前总统尼克松曾经说过一句话：“人类的知识和科技，已经征服了外层空间，但是却无法征服人们心里的‘内太空’！”

的确，高傲、偏见、短视、易怒、自以为是、意气用事、好高骛远、虎头蛇尾、好逸恶劳、怨天尤人等，都是阻碍我们迈向成功的负面性格，也是知识与科技无法改变的“内太空”。而这些，都必须靠我们自己尽快去改正、去克服啊！

美国康奈尔大学一九九一年的一项研究结果显示，只要一个星期，你留在脏衣服上的皮脂，就会变成永远洗不掉的污痕！所以，相关研究人员提醒大家——“脏衣服不理它愈久，污损情况就愈严重！”

唉，这真是“积垢难除”啊！相同地，人也是一样，如果臭脾气不改、常迁怒他人、批评别人，也不肯吃苦、做事又要求像对联一样——“钱多事少离家近”、“位高权重责任轻”，横批——“睡觉睡到自然醒”。你说，这怎么能够成功呢？

激励小站

一个新婚不久的男人，半夜醒来，吓了一大跳：“天哪，睡在我身边的这女人，怎么这么丑？脸上卸了妆，惨灰色的皮肤、粗糙不平，睡觉时，一头乱发，还会打呼、流口水……”可是，白天太太一醒来，上个妆，神采奕奕，也很漂亮啊！

天哪，我……我是不是娶到“女鬼”，晚上跟“女鬼”睡觉？这男人说，他一定要和太太离婚！

后来，一位心理医生建议这男人睡觉时在枕头旁放一面镜子，看看半夜时，那“女鬼”会不会怕这面“照妖镜”？

凌晨两点，这男人醒来，又见身边那女人还是一样——一头乱发，脸色死白，打呼、流口水……可是，当他拿起镜子，不小心照到他自己，也吓了一跳——天哪，镜子里怎么也有一“男鬼”，也是满头乱发，满脸胡碴，眼屎糊住眼睛，嘴角也流着口水……

人的眼睛常只看到别人的缺点、挑别人的毛病，却很少看到自己的缺点、挑自己的毛病！

在此科学昌明的时代，我们常知道如何使用高科技的产品，却对自己的心理障碍不甚清楚。若我们不知自己的缺点，甚至庇护自己的缺点，则我们心中20%的缺点，可能会把80%的优点狠狠打败呀！毕竟一个优点多的人，并不一定就能成功啊！

所以，我不希望人家说我：“这个人很聪明，但就是懒惰、骄傲、没恒心……”

我宁愿人家说我：“这个人不是很聪明，可是他很勤奋、很上进、很积极……”

哨音响，“下半场人生”开始

学习辛勤、努力的蜜蜂，没时间悲哀、自叹！

她，有乌黑的长发和亮丽的眼睛，大学时就是男生们追求的对象；在家里也是父母疼爱的宝贝女儿，十分乖巧听话。虽然很多男生追她，但她仍专心念书，并在大学毕业后的来年，申请到美国一大学研究所的入学许可。

一天，她洗澡时发现胸部好像有一硬块。她的心七上八下，到医院检查。医生告诉她家人——是乳癌，已经蛮严重了，如果家人同意的话，最好能立刻开刀。天哪，乳癌，怎么可能？她，年轻、漂亮，许多美梦才要开始，爱情、留学深造……正等着她呀！

然而，她还是躺在病床上，被推进手术室。开刀前，她问医生：“我可以活到三十岁吗？”“你现在几岁？”医生反问。“二十四岁。”医生听了，笑笑地点头说：“应该没问题！”

开刀后，她的病情仍没起色，因癌细胞已扩散，身体也变得虚弱无力。在医院，她必须接受化疗，过去乌黑的头发逐渐掉落，漂亮的脸庞也慢慢消瘦。

一个多月后，她愈来愈不行了。父母接她回家；躺在房间床上，她握着妈妈的手，说：“妈，我好想活下去……我好想继续跟你住在一起……妈，我一直都很乖对不对……我又没做错什么，为什么老天不让我活下去？为什么？……”

三天后，她陷入昏迷状态，然而，她尽可能地睁开眼睛，看看床前的爸爸、妈妈，依恋不舍地瞧瞧书桌、墙上的全家福照片，还有床边的小熊熊、洋娃娃。她已不能开口说话，只是，她的泪珠，不停地从眼角滑下；而她的双手，始终紧紧地握住床边妈妈的手……

从她发现硬块，到离开人间，不到三个月。

每天，我醒来，就先感谢上帝。因为，能够起床，是一件多么令人兴奋的事啊！多少比我们有才华、有能力的人，在天亮该起床时，已经醒不过来了，就像三毛、邓丽君、张雨生……而我们，还能起床，拖鞋、球鞋、皮鞋、登山鞋，也都还能够继续穿，这不是值得我们庆幸和珍惜吗？

有时，我醒来时，常会先想一想：“我现在人在哪里？在温哥华？纽约？东京？墨西哥？西雅图？北京？曼谷？吉隆坡？还是上海？……”感谢上帝，让我有机会去过许多国家，我必须更珍惜我还能呼吸的日子！算一算，今年我五十岁了，如果有幸能活到八十岁，那么我人生的球赛已经“上半场”结束了，现在刚好是“中场休息”的时候。

回首我“上半场”的球赛，打得好像差强人意、还算可以，只是体力差一点，跑得气喘如牛。很快，裁判的哨音即将响起，“下半场”的人生球赛即将开始，我又必须立刻上场，迎接许多挑战！

记得我在担任记者时，曾到绿岛监狱采访。在一间独居牢房内，我访问了一个上了手铐、脚镣的重刑犯。他说，他因在三重混帮派、杀人而被关进来。“你几岁了？”我问。他说：“四十了。”“还要关多久？”“大概二十年吧！”

我算算，他出狱时应是六十岁了，他的“下半场”，恐怕也快过了一大半了。我手握着采访麦克风，心中不禁一阵感伤。

人生的球赛，有长有短，有人像篮球赛，是四十分钟；有人像足球赛，是六十分钟；但，也有人在上半场开赛没多久，就如同文中得乳癌的那位女孩，病倒了，走了。

当我们有幸，能撑到“中场休息”时，就必须赶快思考：我的“下半场”要怎么打？领先的，继续保持领先；落后的，赶紧调整脚步、改变战术，期许自己，努力打完一场漂亮的球赛！

激励小站

我有个朋友，在四十岁、事业如日中天、赚大钱时，不幸得了肝癌。我到医院看他时，他瘦弱地躺在床上说：“我不甘愿哪，好不容易才爬到巅峰，还没站过瘾，就一下子掉到谷底！我真的不甘愿啊！”

过去，总以为人的凋零是慢慢的、逐渐的；然而，最近我才猛然醒悟——人的凋萎，有时是十分急速、超快的。就像是电影中饰演超人的克里斯多夫·里弗，又高又帅，但在一次骑马意外中，突然变成全身瘫痪、动弹不得。

曾有一位晓青和尚说：“譬之昨日死，万事如浮云。”的确，假如我们昨天发生意外，已经被埋葬了，那今天还有什么好埋怨、好争吵的呢？今天的难道不都是赚到的吗？我们难道不都应心存感谢、且特别珍惜吗？

据闻美国前总统约翰·肯尼迪的坟墓前，放置了一把永不熄灭的火炬，意味着生生不息的人生；而他的弟弟罗伯特·肯尼迪的坟墓前，则是一摊不断流动的水，代表着永不止息的人生。

我们“下半场”的人生是长是短，都没人知道。因为我们实在不知道今晚睡觉前脱下来的鞋袜，明天是否还能穿得着。所以，我们必须多珍惜现有的时光，甚至对讨厌的人与事，一念都不去想，把它抛诸脑后，连刹那的时间也不要浪费！就像辛勤努力的蜜蜂一样，没时间悲哀、自叹，没时间虚度光阴啊！

在苦难中，寻找绝处逢生的契机

所有的不幸，都是走向未来的踏脚石！

每次听到音乐家用钢琴、小提琴、喇叭等奏出优美的乐曲，我都很羡慕，因为那些音乐家，竟可以吹奏或弹奏出令人如此陶醉的旋律与乐章。然而，并不是每个学习音乐的人，都可以如愿地成为舞台上耀眼夺目的音乐家；而部分已成名的音乐家，也可能突然遭到意外，而使其音乐生命，被迫终止。

傅尼埃就是这样的例子。傅尼埃原来跟随钢琴家母亲学琴，可是，不幸地，他突然罹患小儿麻痹症，双腿无力走路，钢琴踏板也没办法踩了！

“天哪，怎么办？钢琴是我的最爱，也是我将赖以维生的技艺，脚踏板不能踩，钢琴的音韵就无法表达啊！”傅尼埃很受挫折，整个人几乎崩溃！

可是，罹患小儿麻痹是一件残酷的事实，它不像伤风感冒，不会几天就痊愈啊！“怎么办？老天啊，你怎么如此对待我？难道你不知道我从小每天苦练钢琴，为的就是一圆钢琴家的美梦吗？你为什么要捉弄我？”

傅尼埃被迫放弃钢琴，可是，他仍然不灰心丧志；在短暂受挫后，他又选择了不必踩踏板、可坐在椅子上演奏的大提琴，继续每天苦练。

虽然，大提琴的音色不像钢琴一样，或轻快悦耳，或如万马奔腾，但是大提琴仍有其独特的音质。最重要的，傅尼埃有不服输、不悲观、不愿被击倒的信念和意志，所以，后来他成为了音乐史上的“大提琴巨擘”。

二十世纪初期，维也纳也有一位极负盛名的钢琴家——维特根斯坦，他在第一次世界大战中，被炮弹炸断了右手；当时，他原来用来弹奏钢琴的右手，血流如注，自己也被吓得哭喊大叫！

可是，不管维特根斯坦如何大吼哭叫，都无法改变他右手被炸断的事实！怎么办？没右手，怎么弹钢琴？钢琴家的生命就此打住吗？

“不！不！——绝不！”维特根斯坦大声地向命运发出怒吼，“我绝对不低头！即使只剩下左手，我也要继续弹钢琴，永远不停歇地弹下去！”

后来，维特根斯坦到处恳求作曲家，特别为他剩下的左手谱曲，希望他的左手，仍旧可以弹奏出优美的乐章。

所以，在现今钢琴乐谱中，有一些是专门为左手而谱写的乐曲，那几乎都是二十世纪初，维特根斯坦到处去拜求而来的，其中最脍炙人口的，应算是拉威尔的《左手钢琴协奏曲》。这首协奏曲并不是只能用左手弹，用右手也可以弹，只是如果用左手弹，则更能显出乐曲的华丽。

以前念书时，曾读过尼采说的一句话：“痛苦的人，没有悲观的权利！”

是的，有时命运的捉弄，让人重重地跌到谷底，然而，**人必须在苦难中寻找生机！**

人的生命中，总会有绝处逢生的契机！

傅尼埃若不是在苦难中找生机、找出路，世界上就只会多一个小儿麻痹病患，而少了一位大提琴大师！维特根斯坦如果不是四处拜求乐曲、突破难关，则世界上就不会有《左手钢琴协奏曲》了。

我，羡慕“灌篮高手”，也羡慕小丑向后翻筋斗。

我，羡慕“英文小魔女”能讲流畅英语，也羡慕腰挺背直、不卑不亢的人。

然而，我，真正最羡慕、也最敬佩的是——在悲恸中，强忍泪水、勇敢向命运挑战、直到胜利成功的人！

激励小站

有人说："所有的不幸，都是走向未来的踏脚石。"

也有人说："噩运，是最好的老师，也是一个深不可测的宝藏。"

是的，人常会碰到不幸或噩运，但如果能够不服输、不认输，总有峰回路转、柳暗花明的时候！

大家都知道，发明家爱迪生从小就耳聋，必须大声喊叫，他才能听得到；有人建议他发明助听器，以解决他自己耳聋、重听的问题，可是他说："一天二十四小时当中，有多少声音是非听不可的呢？耳聋使我省下许多跟别人闲聊的时间，也使我比较能专心做事！而且，大声喊叫不容易说谎，我喜欢别人跟我说话时大声喊叫。"

肖邦，从小体弱多病，但他克服身体障碍，成为最出色的"钢琴诗人"。

弥尔顿，是个瞎子，却不畏挫折，成为英国的伟大诗人。

罗斯福，患了小儿麻痹，双脚不良于行，但也成为了美国总统。

史蒂文森，经常咯血，但他为自己奋战不懈，写出了《金银岛》这样的不朽巨著。

医学研究指出，沮丧、绝望是健康的大敌；一个人若失去斗志、失去希望，会给健康的身体带来危机！

所以，人在遭遇不幸时，必须懂得克服低潮，对抗负面情绪，懂得自我对话、自我激励；同时，也要告诉自己——

“凡事皆有极困极难之时，打得通的便是好汉。”（曾国藩语）

咦？谁掉了一只高跟鞋

舞到最后一秒，让它始终完美！

在一场国际摩登舞蹈大赛中，世界各国都派出舞艺高手展现舞技。其中有一项是华尔兹，有十多对舞者，穿着亮丽舞衣在场中翩翩起舞。

世界级的舞蹈，真不是盖的，不仅男女舞者的身材是一流的，每个旋转、手势、眼神、回眸微笑……都是那么优雅，令人赞叹！

正当所有观众目不暇接、被现场音乐和气氛吸引时，一位裁判慢慢地走到舞池边，捡起一只红色的高跟鞋。然而，华尔兹的优美乐曲并没有停止，十多对舞者也都是一副专注、忘我的模样，微笑着继续舞蹈。

咦，是谁掉了一只高跟鞋？这只高跟鞋绝不是屋顶上掉下来的，一定是其中一位女舞者不小心在旋转时甩落掉的，可是，女舞者都穿着蓬蓬舞裙，实在是看不出哪一对舞者出了状况！

虽然华尔兹的音乐持续播放着，但是观众的目光，似乎开始在寻找掉了高跟鞋的那个人。那位女舞者现在心里一定很焦急，因为两脚高低不同，一定会影响到他们的分数！可是，全场十多对舞艺高手随着乐曲不断地旋转、移动，根本看不出是谁掉了高跟鞋啊！

直到华尔兹乐曲结束，观众才发现，其中一女舞者正踮着脚，满面微笑地半弯着腰、微低着头向观众答礼；现场的观众，都对她报以热烈的掌声！

以前，我在成功岭受训时，必须经常在烈日下出操、行军、打靶……同学们个个都汗流浃背。

有一次，是个艳阳高照的大热天，全体学员被要求到大操场中央，排好队听长官训话；可是，其中有一名学员，因受不了戴钢盔、站在大太阳下被暴晒，一时觉得头昏，就自己蹲在地上休息。这时，班长走过来，很生气地吼他：

"站起来！谁叫你蹲下的？"

"报……报告班长，我……我头晕！"学员蹲在地上，抬起头说道。

"你给我站起来、不准蹲下！要倒，就手握着枪、戴着钢盔、整个人直直地倒下去！"班长大声地怒斥着。

曾在报上看到患肌肉萎缩症的朱仲祥先生，受邀在台湾"中山大学"校庆演讲的情况。他无法站立，只能全身趴在讲台上，手拿着麦克风对全校师生说话。

朱仲祥从小在孤儿院长大，洗澡、如厕、睡觉翻身都必须靠人协助，然而他却不向命运低头，他自修英语、电脑，也取得中学学历。因为在他八岁，父亲因血癌过世时，曾交代他“要努力读书，用知识创造未来”！

如今，朱仲祥可以用英语向外国人演讲，也写书、募款，帮助残障者学习电脑。可是，他的呼吸功能却在逐渐衰竭，睡觉时还要用人工呼吸器。

朱仲祥说：“**只要我还能呼吸，我就有希望；只要我还能呼吸，我就有明天！**”

在人生舞台上，或许高跟鞋掉了；或许跌了一跤、摔断了腿；也或许一时晕头转向，舞不下去，好想放弃，不跳了！

可是，这样就要随便离开人生舞台吗？就要随便放弃目标吗？生存竞争、人生意义，怎么能叫我自己黯然离开舞台、离开跑道？不，要咬紧牙关，要坚持下去；因班长说：“要倒，就手握着枪、戴着钢盔、整个人直直地倒下去！”

而朱仲祥也说只要有呼吸，就有希望、就有明天！

激励小站

柏拉图说:“成功的唯一秘诀是,坚持到最后一分钟。”

或许我们会遇到一些挫折,但必须告诉自己——我绝对没有失败,只是暂时还没成功而已!正如,虽然舞鞋掉了,但我们绝不能弃权,绝不能轻言放弃,一定得撑下去!因为,我们是经过了长久的苦练,才有上台的机会啊!

所以,一定要坚持到底,一定要舞到最后一秒,让它始终完美!

有一个推销员,常挨家挨户地推销产品,把脚都走破了。一次,这个推销员在拜访一位客户约三十次后,客户却在最后关头想向别人购买保险。这个推销员百思不解,也很失望。但他仍不放弃,决定拜访该客户的总经理。他带着客户表,里头是三十次拜访的谈话记录,诚恳地请求总经理告诉他失败的原因,以便改进。

那位总经理看了密密麻麻的客户卡记录之后,抬起头,看着这推销员感动地说:“我佩服你的精神,现在,我决定买你的产品!”

成大事的关键不在力量大小，而在坚持多久。的确，坚持到最后一分钟的人，笑容常是最甜美、最灿烂的！

所以，我喜欢古人的一句话“风吹柳动、未见柳折”；让我们像柳树一般，有坚强的韧性，即使大风吹来，仍不见柳折！正因为这坚持的韧性和不轻言放弃，我们才能愈挫愈勇！

第二章

挫折与伤痛，都有其意义

人只有在遭遇挫折，被他人百般刁难、歧视、嘲讽时，才能打醒自己，让自己被当头棒喝而惊醒过来——这岂不是一生中最珍贵的礼物？

他含着筷子，创作电脑音乐

一个与命运缠斗的感人故事。

飞机降落到台东，朋友前来接我，立即驱车前往卑南乡南王部落，探视林豪勋先生——一个除了脑袋还能有限转动、全身都呈现麻痹状态的病人。他是个四肢严重残障、毫无知觉，却能利用电脑制作乐曲的勇士。

走进房间，他躺在床上，不能动，无法转过头来看我，我必须走到他床前，给他看。他，有着卑南族人的脸庞和黝黑的肤色，毯子将他瘫痪的身子和手脚盖住，只露出头部，他精神愉悦地与我交谈。

林豪勋，小名“一沙鸥”（卑南名，该词为外来词，取日语发音），从小就喜欢音乐，台东农校毕业后，进入海军服役。由于他有乐器专长，长得又高又帅，就被征调到海军乐队，还在一九七一年参加了“三军联合大乐队”演出。

然而，在二十八岁那年，当林豪勋与家人在动手改建自己屋子时，不慎从二楼坠落，头部着地，颈椎第四、五、六节折断。从那天起，他头部以下都失去了知觉，四肢和全身肌肉毫无感觉。

“我整天躺在床上，动也不能动；有时候，苍蝇、蚊子在我脸上飞，或叮咬我，我竟然无能为力，无法挥赶它们。我想，我是真的完了，我这一辈子就躺在床上，和植物人差不多……”林豪勋回忆起意外发生后，自己躺在床上的心情时说，“有时，我觉得自己比植物人还痛苦，因植物人没有意识，什么都不知道；可是我脑袋好好的，有思想、有记忆、有感情，这样活着岂不是比死亡还要痛苦？”

有一次，林豪勋因感染肺炎，情况告急，被送进台东基督教医院急救。后来，他甚至还患过一种极严重的怪病——因白血球过多，血压遽然升高或降低，导致全身身体器官失去功能，连医生也宣布“不行了”、不可能有治愈的希望；即使能逃过死亡，也会因脑部血管受到破坏、缺氧，而成为植物人。

当时，林豪勋和家人都有共识：如果他实在不行了，可以为他拔掉氧气管，接他回家去。可是，后来一直被蒙在鼓里的中风老母，在最后关头时被告知，前往医院探望林豪勋，涕泗纵横、泪流满面。这时，林豪勋虽然躺在床上、不能动弹，但他想到：连中风已久的老母都能坚持到这一刻，我有什么理由放弃自己？……不，我绝不放弃自己，我一定要给自己一个机会！

一股强烈的求生意志，从林豪勋的心灵深处升起，将他从绝望的死亡深渊救出！他告诉自己，一定要勇敢地活下去，因为："我不能比我妈先走，而把所有痛苦留给她！"于是，林豪勋改变心意，制止医护人员拔掉氧气管。两个月后，他的病情奇迹般地逐渐有了起色，也稳定下来。

从濒临死亡的边缘活过来之后，林豪勋对生命采取积极的态度。十年前，有朋友把要汰换的旧电脑送给他玩，虽然他全身瘫痪、不能动，但他想到，他可以用牙咬住竹棒来敲打键盘啊！

于是，林豪勋用嘴含住筷子，学会了开机，也学会了仓颉输入法。他整天躺在床上，但他的脑子里却不断地想："我可以用电脑打字、写信给朋友啊！也可以利用电脑来为少数民族的音乐做合成编曲啊！……"就这样，林豪勋不断扩充电脑的内存与功能，整天咬着筷子"玩电脑音乐"，经常"玩"到半夜一两点才睡觉，早上六点醒来，又马上开始"玩"。

"你可以开机，秀一下你创作的电脑音乐给我听吗？"我问他。

"可以啊，没问题！"林豪勋叫来菲佣，把电源装好，就用牙咬着竹棒，在键盘上点来点去。没多久，磅礴的交响乐从喇叭中传出来，哇，是那么庄严、雄伟。

"我喜欢古典音乐，不喜欢摇滚乐，所以，我把少数民族音乐原本单调的曲子，配上各种交响乐曲，让这些音乐，听起来能更丰富、更有生命！"林豪勋对我说，"这卷是我出版的音乐带，名为《卑南圣山之灵——一沙鸥的音乐世界》，送给你。”

坐在林豪勋旁边，我看着他口含竹棒，触点着键盘，点出简易音符，再以电脑指令去控制节拍、秒数，并选出演奏乐器……最后，电脑就会以合成方式，自动演奏出旋律优美的乐曲来。

“我喜欢晚上做梦！”林豪勋说。

“为什么？”我问。

“因为，在梦中，我是身体健全的，不是残障、瘫痪躺在床上的。所以，在梦里，我可以自由自在地又跑又跳！我最怕在我兴奋地跑来跑去时，突然醒来，我就会很懊悔，怎么好梦这么早醒？”

听到他这么一讲，我一阵心酸——他原本是充满梦想，又拥有无数音乐细胞的卑南勇士，然而，现在的他，只能像“庄周梦蝶”一样，在睡梦中如蝴蝶般地自由自在飞翔。

林豪勋还是台东基督教医院的义工，专门辅导心灵受创的病人。曾有一少女车祸后自闭三年，不见亲戚朋友。有一次，这位少女在家人扶持下，来到林豪勋家，当时，她发现林豪勋的情况比她惨多了！

林豪勋在这少女面前，含起小竹棒，触点着电脑，霎时间，他就像一名指挥家，使满屋子充满优美的交响乐。这少女眼眶湿润，感动不已，拍着林豪勋的肩膀说：“谢谢你的启发，我要跟你一样，勇敢地活下去！”

如今，林豪勋除了为少数民族音乐编曲外，还利用电脑收集卑南族族谱、出版卑南族字典，更获杰出残障人士之“金毅奖”。本来林豪勋十分谦虚、坚辞不就，认为自己只是小人物，只要“自己好好地活就可以了”，没有必要上台接受表扬。但有人告诉他：“你必须让其他残障人士知道如何好好地活！”

其实，林豪勋的故事，岂止是告诉残障者要如何好好地活？它不也告诉我们所有正常人，要怎么活才有意义吗？

激励小站

人在遭遇不幸时，意志力会显得十分薄弱，但是，当我们看见其他人比我们更不幸时，我们才会惊觉——原来自己是多么幸运啊！

因此，与积极努力、奋斗不懈的人在一起，我们的脚步会不由自主地加快很多；当我们遇见困难时，不妨向有痛苦经验的朋友取经，学习他们如何不认命地与命运缠斗；学习他们如何在走入生命死角时，懂得突围、转进、再创崭新生命！

所以，我们要肯定自己、看重自己，就像本文中的男主角林豪勋一样！

因为，除非我们自己同意，否则没有人可以让我们自卑；我们要像林豪勋一样，绝不否定自己，一定要坚强站起来，给自己找出活下去、活得更漂亮的理由。

离开台东林豪勋的家已多日，但天天躺在床上的他，肯定仍不断地创作，努力为少数民族的音乐与文化作出贡献；此时，我认识到了许多事情的成功是“非不能也，而是不为也”的道理。

“老师，你怎么可以诬赖我？”

挫折，是年轻人最好的礼物！

记得曾看过一篇文章，作者提到，他刚从军中退伍时，只有高中学历，无一技之长，只好到一家印刷厂，担任送货员。

一天，他要将一整车四五十捆书，送到某大学的七楼办公室。当他先把两三捆书扛到电梯口等候时，一位五十多岁的警卫走过来，说：

“这电梯是给教授、老师搭乘的，其他人一律不准搭，你必须走楼梯！”

他向警卫解释：“我不是学生，我是要送一整车的书到七楼办公室，这是你们学校订的书啊！”可是警卫无情地说：“不行就是不行，你不是教授、不是老师，不准搭电梯！”

两人在电梯口吵了半天，但警卫依然不予放行。他心想，这一车的书，要搬完，至少要来回走七层楼梯二十多趟，会累死人的！他无法忍受这无理的刁难，就心一横，把四五十捆书搬放在大厅角落，不顾一切地走人了。

后来，他向印刷厂老板解释了事情原委，获得谅解，但他还是向老板辞职，并且立刻到书局买了一整套高中教材和参考书，含泪发誓——一定要奋发图强、考上大学，绝不再让别人瞧不起。

这位年轻人在联考前半年，每天闭门苦读十四小时，因为他知道，自己的时间不多了，已无退路可走。每当他偷懒、懈怠时，就会想起警卫不准他搭电梯时被羞辱、歧视的一幕，也就打起精神、加倍努力用功。

之后，这位年轻人终于考上某大学医学院。如今，二十多年过去了，他成为一家诊所的医生。然而，他静心一想——当时，要不是警卫的无理刁难和歧视，他怎能从屈辱中擦干眼泪、勇敢站起来？而那位被他痛恨的警卫，不也是他一生中的“恩人”吗？

这故事让我想起，念高中时，班上有位调皮的男生，成绩普通，并不优秀。一天，物理老师留了一道高难度的试题，要同学当家庭作业。隔天上课时，每个同学几乎都答不出来，可是，只有那调皮的陈同学解出来了！

“陈××，你老实说，这作业是不是你哥哥帮你做的？我知道你哥哥的物理很厉害，去年我教过他……”老师问。

“是我自己做的啊，老师，你怎么可以诬赖我？”

“少来，你少骗我啦，不是自己写的，干吗那么不要脸，硬要说是自己写的？”物理老师站在台上嘲讽道，“哎呀，你少丢脸了啦，你的程度我很了解，你不用骗我啦！”

当时，我转过头，看到他低着头、抿着嘴，眼中闪着泪光。他没有再回嘴，只是一直低着头，假装看书，而他的眼泪，也一滴滴地掉落在课本上。

联考发榜后，争气的他，考上台大物理系。毕业、当兵退伍后，他更留学美国，现在已拿到物理学博士的学位回到台湾。

而我，永远忘不了在高中时他对我说的一句话："那一题，明明是我自己做对的，他（物理老师）干吗不相信我，还当众嘲笑我、瞧不起我？……以后，我的物理，一定要比他更厉害！"

人，都有失意、不顺的时候，然而，我更相信——

"挫折，是年轻人最好的礼物！"

人只有在遭遇挫折，被他人百般刁难、歧视、嘲讽时，才能打醒自己，让自己被当头棒喝而惊醒过来——这岂不是一生中最珍贵的礼物？

因此，如果现在的挫折，能带给你未来幸福，请忍受它。

如果现在的快乐，会带给你未来不幸，请抛弃它。

激励小站

我常常告诉学生："生命中的每个挫折、每个伤痛、每个打击，都有它的意义。"

就像本文中的两位主角，正因为警卫不准他搭电梯，才会激发他奋力苦读，最后终于考上医学院；就因为物理老师嘲讽他、鄙视他，才激励他一定要超越老师，而拿到物理学博士学位。

当别人瞧不起我们、轻视我们时，就必须给他"颜色"看看！这不是说要用拳头去揍他、打他，而是要和他比能力、比实力——有一天，我要比你更强、比你更棒！我要争一口气，做到让你感到羞愧，因为我是在"斗志"，而不是在"斗气"；我是在"争千秋"，而不是在"争一时"！

因此，不要怨恨那些扯我们后腿的人，也不要一直活在别人轻蔑的言语之中，相反，要心存感激，正因他们的扯后腿、他们的轻蔑，才让我们记起被侮辱的教训——这也是我们一定要成功的原动力啊！

你是一流人才、三流任用吗

别让才华跟着你一起出生、一起死掉!

四年前要搬家时,有个朋友介绍一家搬家公司给我,果然,那是一家认真负责、童叟无欺的搬家公司。在台湾，听到民众被搬家公司恶意欺骗、敲诈的例子实在太多了；就拿我的朋友来说，原本说好搬一次家六千元，后来家具搬上车后，模样似流氓的大汉却改口，索价五万元，真是把人给活活气死。

去年我又要搬家，当然还是找先前那信用可靠、诚实无欺的搬家公司。

“谢谢你们哦，上次你们帮我搬家，搬得很好，好多同事、朋友听我说了以后，都向我要你们公司的电话呢！”我向负责排班表的副理说道。

“应该的啦，我们生意都是做信用、做长久的，不像别人都是做‘断头生意’，狠狠敲诈人家一笔……”副理在电话中，很得意地说道，“我们也曾经帮某部门搬家，我们小心翼翼地打包，搬到目的地，都没有把东西弄坏，所以还领到了特别颁发的奖状呢！”

“啊，真的？搬家还可以领奖状哦？”我说。

“真的呀，我不会骗你的啦！”副理用很兴奋的口吻说道，“我们虽然念书念得不多，但我们靠劳力搬家，能做到这一步也很不容易，对不对？我们公司是最讲信用、讲服务的，我们就是要改变一般人对搬家公司的恶劣印象……”

天哪，一群全身臭汗、打着赤膊，到处帮人搬家的粗工，竟然可以搬到成为杰出劳工！

多少聪明的年轻人，做一行、怨一行，觉得“老板很烂、经理不怎么样”，又碰上不景气，真有够倒霉！可是，知道吗？有些人天天打着赤膊，在太阳下扛着沙发、冰箱、钢琴、书桌、床铺……当汗水从他们额头上一滴滴流下时，我们才惊觉，他们这群恪尽本分、不怨天尤人、不偷不抢、整天埋头苦干的粗工，实在是比我们更值得尊敬啊！

记得有一次，我受邀到永和市一所职高演讲；演讲完毕，该校校长对学生说：“你们毕业后，不一定每个人都能开公司、当老板，但是，你们必须有志气，要告诉自己——即使以后开小吃店，也要开一家全永和最有名的小吃店，就像‘永和豆浆’一样，全省闻名！”

后来，一位男同学上台，他握着麦克风，紧张、颤抖地说：“今天听到戴教授的演讲和校长的勉励后，我很想跟各位同学分享——我一定要做一只燕子，而不要做一只鸽子；因为，燕子虽小，但它还是很努力地为自己筑一个巢，不像鸽子一样，不会筑巢，每天只等着别人喂食！……所以，我或许以后只有高职的学历，但是我一定要像燕子一样，一定要努力工作，要为自己买一栋房子！”

这男同学话一说完，全场师生都为他热烈鼓掌！

那天演讲后，我满心欢喜，因为该校师生给了我无限的启发——是的，人，要像一只燕子，努力地为自己筑巢；即使开小吃店，也要成为最有名的小吃店；正如同打着赤膊、满身臭汗的搬家工人，有一天也能昂首阔步、无比光荣！

激励小站

有个和我一样已近中年的朋友，头脑聪明，也颇以洋溢的才华而自豪。可是多年来，他的工作十分不顺利，职位老是原地踏步，所以常郁郁寡欢。一天，他对我说：“老戴啊，老天真是不公平啊，我是一流的人才，搞来搞去还是三流的任用，唉，我们公司的制度真是很烂！”

事实上，果真如此吗？我不太清楚，但我知道有一句话说：“我们常依自己的才能来判断自己，但是，别人却是依你的表现来判断你。”

有时，人常常做一行、怨一行，怨主管、怨老板、怨同仁，但比较少怨自己。当我看到那些搬家工人，几乎把搬家当成一种艺术、一种挑战来完成时，我真的十分钦佩；尤其是一位领班在最后很得意地对我说："不错吧，都搬完了，连墙壁都没弄脏、家具也没损坏，是不是一百分？"

是，没错，是一百分，是零缺点的完美！

大部分的人，惯于安逸，或只知埋怨，所以都没有发挥才华，结果，他的才华跟着他一起出生、一起死掉！但若能抱持快乐心、欢喜心来工作，每个日子都是我们可以完成的"艺术品"啊，我们岂不应该精心地雕琢，让它更漂亮、更完美！

感谢强劲对手的狠狠一击

人的眼睛，在失败时才会睁开！

在金庸小说《神雕侠侣》中，有一个武艺高强、天下第一的武林高手，名叫独孤求败；他每天对着海浪练剑，练成绝世剑法，所以凡是和他过招的人，都惨败在他的剑下。

可是，独孤求败的日子过得很不快乐，因为他杀尽仇寇，败尽英雄，打遍天下无敌手；他之所以自称"剑魔独孤求败"，是因为他很落寞，不知道自己有没有进步，不知道有没有人能打赢他、超越他，甚至连求一败都是一种奢望、始终求不到啊！

后来，独孤求败隐居深谷，以雕为友，慨叹地在洞壁上写下："……呜呼，生平求一敌手而不可得，诚寂寥难堪也。"独孤求败的武功尽管是天下第一，但他孤独、寂寞、凄凉，最终一个人老死在山洞之中。

在我们的生活中，有人常埋怨对手很多，以致逼得自己喘不过气来。可是，没有对手难道就是件好事？人最怕在爬上巅峰时，突然没有目标啊！当独孤求败登上山顶，环视四周，无人可以与之匹敌时，他孤独、寂寞，不再有鞭策，也无法进步，所以心中期待——“只求一败”。

其实，**在工作上、学习上，我们都需要有对手——一个强劲的假想敌。因为最好的学习，经常是来自被对手狠狠击中的那一刹那！**当我们被对手使出浑身解数、狠狠击中时，才知道自己的弱点在哪儿，而不会趾高气扬、目中无人！

旅日棒球名将王贞治，曾经是日本职棒的“全垒打王”。有一次，王贞治在冠亚军决赛中，奋力击出一记全垒打；这宝贵的全垒打，使巨人队荣获冠军，所以全队的队友，都兴奋地跑到球场中，把跑回本垒的王贞治，高高抬起，大声欢呼！

正当王贞治和全场球迷陶醉在胜利的喜悦中时，王贞治的哥哥突然从看台跳下、冲向球场，把被人抬起的王贞治硬是拉下来，并且一巴掌打在他脸上。当时，王贞治愣住了，说：“我打全垒打，赢得第一名，你为什么打我？”

未料，哥哥生气地说：“你得第一名有什么了不起？你现在要做的第一件事，就是赶快去向你的对手鞠躬、道谢！没有对手的努力和刺激，你能得到第一名吗？去！去！赶快先去跟他们握手致谢，再来说自己是第一名，也还来得及啊！”

的确，没有对手的激励、打击、甚至陷害，我们经常无法进步。对手，可能是工作上的竞争对象，可能是情敌，也可能是笑里藏刀的朋友。当对手想超越我们、击败我们时，他必定倾全力地精锐尽出！但是，正因为我们早有假想敌，已了解有强劲的对手的重要性，也有心理防备，所以就会小心翼翼、沉着应战。

事实上，人最可悲的是没人督促、没人鞭策，又没有目标、没有对手！当我们没人督促、没人鞭策时，就必须懂得自我鞭策；当我们没有目标、没有对手时，就必须积极寻找对手，来激发自我的潜力。

佛经中有个故事：有一对师徒，在深山中看到一只狐狸正追着一只兔子。

小和尚对师父说："我猜，兔子一定会被追上。"

"不会，狐狸追不上兔子。"师父肯定地说。

"为什么？"小和尚问师父，"狐狸跑得比兔子快啊，兔子一跳一跳的，怎么会跑得过狐狸呢？"

此时，师父告诉小和尚："你不晓得啊，那狐狸追的，只不过是'一顿饭'，可是那兔子，逃的却是'一条命'啊！"

的确，在强劲、可怕对手的催逼下，我们一定可以激发出无穷潜力！

激励小站

一个百米赛跑好手，若无强劲对手一起比赛，他可能只跑出十秒二的成绩；如果他和“飞毛腿”一起竞逐，则可能跑出九秒九的最佳成绩！

我也相信，叫我跑一百米，我的成绩可能是十五六秒，但如果有一只凶狠的大狼狗在后面追，那我应该可以进步到十四秒！

强劲对手的催逼，常是我们进步、成长的最大契机！

所以孟子曾说：“无敌国无外患者，国恒亡。”人必须战战兢兢，从对手那儿学习到制胜的技巧，这样，当凶残的大狼狗张牙咧嘴地追过来、凶狠的对手处心积虑地想打击我们时，我们才能奋勇反击！我们岂能束手就咬？

英国文学家柯林斯说：“人生求胜的秘诀，只有那些失败过的人才了如指掌。”而俄国作家契诃夫也说：“人的眼睛，在失败的时候，才会睁开来。”

所以，一个强劲的对手，可能是让我们“睁开眼睛”的关键，也是使我们迈向成功的启蒙恩师啊！

含泪地飞，飞向晴空与蓝天

“我，一定要做最棒的我！”

你看过老鹰吗？生活在都市的人，大概很少有机会看到老鹰。老鹰是一种奇特的飞禽，因为它们不是把巢筑在树上，而是在悬崖陡岩上，一般的动物很难直接攻击它。

可是，老鹰是怎么筑巢的呢？鸟类生态学家用望远镜仔细观察后发现，母鹰先用尖嘴衔着一些荆棘，放置在底层，再叼来一些尖锐的小石子，铺放在荆棘上面。乍看之下，总觉得用锐利的小石子当材料来筑巢，是很突兀、怪异的，这怎么能筑出一个温暖、舒适的巢呢？不过，母鹰后来又衔来一些枯草、羽毛或兽皮，覆盖在小石子上，而做成一个能孵蛋的巢。

小鹰孵化、出生后，住在巢里，母鹰按时叼回小虫、肉食，喂入小鹰嗷嗷待哺的小嘴中。母鹰天天供应食物，也细心保护，以防敌人入侵。后来，小鹰慢慢长大、羽毛渐丰，这时，母鹰认为，该是小鹰学习自我独立的时候了！

可是，有什么办法能让小鹰不再眷恋这始终被母鹰呵护、舒适无比的巢呢？

母鹰开始搅动巢，让巢上的枯草、羽毛掉落，而暴露出尖锐的小石子和荆棘。小鹰被扎得直叫，可是母鹰却很无情地加以驱逐、挥赶，小鹰只好忍痛扇起它的双翅，离巢他飞。

母鹰残忍、无情吗？不，母鹰深爱着它生养的小鹰！

但是，母鹰更渴望它疼爱的小鹰能成为四处翱翔的飞鹰，因此，必须无情地逼着小鹰飞离舒适的巢，勇敢地学习独立。小鹰在刚开始时跌跌撞撞，母鹰仍会偷偷地在旁照顾看护它，直到小鹰能展翅高飞、直上青天！

在美国念博士班时，我常搭乘飞机。有一次，我匆忙地赶上台北飞往旧金山的班机，找到座位后，发现身旁坐着一位三十来岁的小姐。她身穿长裤，对着我微微一笑。

漫长的飞行中，我和她开始闲聊。她说，小时候家穷，父母又离异，所以小学毕业后，就没再念书，只好跟人家学做裁缝。二十多年过去了，现在经济能力好转，虽然想多念点书，可是没学历，不能念大学，于是只好趁暑假时间，到美国念暑期美语学校，并借此拓展视野。

这位脸庞清秀的小姐，不疾不徐地对我说："我们客家人有一句谚语——穷人莫断猪，富人莫断书。我啊，现在不是穷人了，但也不是什么富人，只是觉得自己必须多读点书……毕竟人生不像录像带、录音带，可以倒带重来，所以我希望能尽可能地多充实自己！"

聊着聊着，飞机已经飞行了三小时左右，这时，她礼貌地对坐在走道旁的我说：“对不起，借过一下，我想上洗手间？”

“噢，好！”我说，随即起身让她走过。

只见这小姐用手扭转一下长裤里硬硬的东西，然后慢慢地站起来……她一跛一跛地、缓缓地从我眼前走过，再跛着脚，走向前面的盥洗室。

天哪，身材娇小的她，竟是一位小儿麻痹症患者，她宽松的长裤里，装着的是支撑她站起来走路的“铁鞋”！

当她走回座位时，我对她说：“你可以请空姐帮你安排前面好一点的座位啊！”

“不用啦，我已经习惯了，这小问题难不倒我！”她笑着对我说，“到美国念书三个月，要自己解决的问题还很多呢！”

我常在想，有时，小鹰不一定都有母鹰的喂食、呵护，也不一定会有看似残酷无情的母鹰逼它离巢他飞，但是孤苦无依的小鹰必须懂得——

要含泪坚强地站起来，自己飞、不断地飞，飞往那片属于自己的晴空与蓝天。

激励小站

最近社会上，有些少女与男友吵架，说活不下去，就跳楼自杀；有些男人，没钱吃饭，就抢劫路人、超市、银行……人常常因被过度保护，而变得依赖、不知自立、缺乏挫折容忍力！殊不知，人在生活中面对问题，就如同“家常便饭”，天天会碰到，如果只是一味逃避、不懂得自我克服，则连一只小鹰都不如啊！

其实，人生就如同一大碗蔬菜汤，如果没经过搅动，鲜美好料就会一直沉在碗里。

就像小鹰一样，母鹰无情地搅动巢，才逼得它必须独立展翅飞翔。它不能抢劫超市、不能跳楼自杀，它必须靠自己自力更生，才有食物吃啊！

人，似乎很少听说因太勤劳、流汗太多，而被汗水淹没的！

我们必须辛勤地“搅动自己”，让鲜美的“蔬菜好料”浮现——让内在的才华、能力美丽呈现。

所以，告诉自己——“我，一定要做最棒的我！”

欢迎参观“胖胖兵减肥营”

一心一意，对付自己的懦弱！

以前，新竹关西营区是不太为人所知的新兵训练中心，但是，最近该营区却常变成新闻报道的焦点，为什么？因该营区成立了全台湾地区第一个“胖胖兵减肥营”。

据报道，到该中心减肥的阿兵哥，都是在八九十公斤以上，最高纪录则是二百一十三公斤。当这名“超大型胖胖兵”来报到时，真是“轰动武林、惊动万教”。他走了三五步，就满头大汗；坐在椅子上休息，椅子立刻吱嘎作响、摇摇欲断。

当该中心的教官见到这超级大胖哥时，惊为天人，不禁“甘拜下风”。他们在对大胖哥说话时，也客客气气，生怕被他随便一推，就踉跄倒退十步。

不过，这名超级胖胖兵也没让教官失望，他每天按照营区规定，喝三千毫升的开水，吃饭时，也先喝汤、再吃水果、再吃饭；而韵律操、到健身房锻炼、走路、体能训练，更是每天必修的课程。

十周后结训时，这名超级胖胖兵，减轻了五十公斤，创下该减肥营的最高减肥纪录；而其他胖胖兵，平均每人也都在十周内，减轻了十五公斤以上。

当然，这是部队中的“强迫式”减肥。我也曾在报上看到一家医院的院长说，他因每天过于忙碌，体重上升到九十二公斤，肥得很不像话；他一见苗头不对，立刻下决心减肥，天天控制饮食、加强运动。

七个月后，该院长成功减掉二十四公斤；一些不常来看诊的病人见到他，开口就说：“我是挂蔡院长的号，他今天是不是没来？……”院长则笑着说：“我就是蔡院长啊，你认不出来啦？”哈，二十四公斤肥肉不见了，真的是变了一个人呢！

看到这些减肥成功的例子，真是好羡慕，因为我自己早该减肥了，却一直没有毅力减得彻底，以致小肚变大肚，长裤能穿的没剩几件。

弗洛伊德的心理学理论中提到：人类行为的动机，都是由于“生的驱力”与“死的驱力”在争斗。当然，这是一种很抽象的概念，听起来好像言不及义。而我简单评价自己——我觉得自己的“嘴巴很贱”，一直就有“贪吃的驱力”，明明肚子不饿，但看到好吃的东西时，就想吃、想塞进嘴巴，来满足口腹之欲！

有人说：“做法，比想法重要！”的确，我们明明知道不能贪吃、要多运动，但人往往想的容易，却做不到；因为，我们的自我控制力显然是不够啊！

事实上，我们自己内心的松懈、不积极和缺乏毅力，常不自觉地形成一种坏习惯，而阻碍了我们的思想和行为，致使我们停滞不前，无法突破窠臼和框框。

马戏团中，常有大象表演。当驯兽师把大象拴在一根小柱子上时，大象就会乖乖地、很听话地站着。其实，大象的身体那么庞大，它如果想拔掉小柱子跑掉的话，力气一定是绰绰有余的！但是，它为什么静静地站在柱子旁不动呢？因为大象从小就被驯兽师训练成看到柱子、绳子，就认为自己跑不动，而乖乖地站着。

有人说过："人比鸡笨！"为什么？因为如果在地上画一个圈圈，叫人站在里面，不准走出来，人会乖乖照办，但鸡不会。

我们不能让自己懈怠、不积极的思想，成为一个无形的圈圈，让我们自己站在圈圈内，不敢跑出来！我们绝不能比鸡笨，也一定要比大象聪明；只要我们下定决心、一心一意地对付自己的懦弱，就绝对可以完成像减肥这样的任务！

所以，以后如果有读者有机会看到我，我一定要让大家说："嗯，戴老师，您瘦了耶！"（拜托，一定要这么说哦！）

激励小站

有一个三十多岁的朋友，最近减肥七八公斤，我问他为何有此毅力？他说："我要活命啊！我不想肥胖、生病，一直吃药吃到挂掉呀！"

的确，"生的驱力"是比较艰苦的，必须克服自己好吃懒动的欲望；而"死的驱力"则是比较轻松的，吃喝玩乐、放纵情欲，一点都不费力！

一天，当我在马路上看到两个肥胖的阿兵哥时，我告诉内人："你看，他们那么肥，连自己的肥肉都没办法对付了，怎么对付敌人？"

没想到我太太说："那你就不懂了，割敌人的肉容易，割自己的肉很难啊！"

我愣了一下，的确，要"割"自己身上的肥肉，真的很难啊！

有人说："我很忙，我没时间运动！"也有人说："烟瘾来了，我不由自主啊！"

可是，我想，连烟都戒不了、连食欲都无法控制，还能成就什么大事？所以，如果一个人贪的欲望，今天就想实现；而戒的决心，则要等到明天再说，则真是"人比鸡笨"，成功远矣！

第三章

采取主动，命运即可改变

梭罗说：“与其坐在船舱中，风平浪静地航行，我宁愿选择站在波涛汹涌的甲板上，迎向风雨。”许多人不敢尝试，而放弃再深造、再学习的机会，因为生怕现有的位子不见了！可是，哪有什么位子可以安稳地坐一辈子？

做个“跳远第一名”的兔子

专注，才是成功的秘诀！

有一只兔子，身材很修长，天生就很会跳跃，所以它一直以拥有“跳远第一名”的荣誉，而感到无比自豪和光荣。

一天，小森林的国王宣布，要举办运动大会，来提倡全民运动。于是，兔子就报名参加跳远。果然，兔子又击败了鸡、鸭、鹅、小狗、小猪等动物，再次得到跳远金牌。

后来，有一只老狗告诉兔子：“兔子啊，其实你的天分和资质很好，体力也很棒，你只得到跳远一项金牌，实在很可惜，我觉得，只要你好好努力练习，你还可以得到更多比赛的金牌啊！”

“真的啊？你觉得我真的可以吗？”兔子有点儿受宠若惊。

“没错啊，只要你好好跟我学，我可以教你跑百米、游泳、举重、跳高、推铅球、马拉松……你一定没问题！”老狗说。

在老狗的怂恿之下，兔子开始每天练习跑百米，早晚还跳下水游泳，游累了，又上岸，开始练举重；隔天，跑完百米，赶快再练跳高，撑着竿子不断往前冲，想在撑竿跳中夺魁。接着，又推铅球、跑马拉松……

第二届运动大会又来了，兔子报名参加了很多项目，可是它跑百米、游泳、举重、跳高、推铅球、马拉松……没有一项入围，连以前它最拿手的跳远，成绩也退步了，在初赛就被淘汰了。

有些人，很有企图心和欲望，想让自己大大有名、出尽风头；就像兔子一样，在别人的怂恿之下，盲目乐观，觉得自己没问题，既可以当演员，也可以写作、到处演讲，主持广播、电视节目，又可以参选民意代表、参与公益活动、投资开公司、当老板……

曾有位前辈，在我当兵退伍、四处找工作时，告诉我："你工作时，绝对不能够'吃碗内、看碗外'哦！你要记得——**专注，才是成功的秘诀！**"

是的，专注，才是成功的秘诀！就像兔子一样，其实，兔子能获得跳远第一名，就是因为它专注于跳远领域才取得了"顶尖成就"，何必一定还要去跑百米、游泳、跳高、举重、推铅球、跑马拉松……贪心地想什么都拿第一名呢？

有一个年轻人，到少林寺向师父拜师学艺，准备练好武功之后，替父亲报仇，因为父亲无端地被盗匪杀死了。

年轻人问道："请问师父，我要练多久，才能出师？"

“大概五年吧！”师父说。

“啊，这么久啊？”年轻人急切地问，“假如我比其他弟子更加倍努力，是不是可以提早学成武功呢？”

“这样子的话，你大概需要十年！”师父说。

“什么？十年？那如果我再加倍、加倍地努力学习呢？”

“二十年吧！”师父淡淡地回答。

年轻人愈听愈糊涂，问：“师父啊，怎么我愈努力加倍练习，学成武功的时间反而会更加倍呢？”

“因为，当你的一只眼睛一直盯着结果时，你就只剩下一只眼睛可以专注于练习了！”师父说。

的确，**人，必须两只眼睛都专注、心无旁骛地努力学习**！

而且，人，必须了解自己“有什么、没有什么”，“懂什么、不懂什么”。毕竟一个人，不可能精通所有的事，因为“样样通、样样松”！

所以，只要我们双眼专注于自己的专长，就会像本文的兔子一样，拥有获得跳远金牌的自豪和喜悦。

激励小站

有个小学老师要小朋友说出自己的志向。小朋友们纷纷说，长大以后要当总统、科学家、航天员、将军、医生……老师一听，频频微笑称好。最后，一个小朋友说："长大后，我想当消防队员，为老百姓救火！"

老师听了，皱着眉头说："当消防队员救火？那很危险耶，你怎么这么没志气，就只想当救火队员？"接着，老师叫这小朋友站起来，给大家看，让其他小朋友不要跟他学习——"人要立大志，怎么可以只想当救火队员"。

后来，四十多年过去，那个班的小朋友也都变成五十多岁的人。这时，其他同学的愿望都没实现，而一心一意想成为消防队员的小朋友，终生不改其志，专注于消防工作，已经当上消防署长了！

迈克尔·乔丹，想必大家都知道他是全世界最伟大的篮球运动员，可是他有一阵子改打职棒，希望也在职棒史上留名。

没想到，他到职棒当外野手，表现平平，总是被三振出局！过去他是NBA的明星球员，所有镁光灯都不断闪烁，以他为焦点。改打职棒后，镁光灯闪烁依旧，但却是看他如何出丑！最后他放弃了职棒，回到NBA。

你专心吗？你执著吗？让我们记住：必须“学习专心”！因为好高骛远、不专注是成功的大忌！

唯有专精、专业于自己的领域，才是成功的保证。

我们这一生，不一定要拿博士学位，但一定要成为专家。因为，不管从事哪个行业，只有成为顶尖的专家，才能出类拔萃、出人头地啊！

人的潜力，须靠逆境激发

入门并不困难，但要坚持到底，则不简单！

旅美国际知名学者余英时教授曾说，他在年轻时就养成了一个习惯——“每天上床睡觉之前，都要静下心来反省一下：今天即将过去，我有没有学到新的东西？工作上、学识上是否学到新概念、新知识？”

假如答案是“有”，他就会很安心地上床睡觉；假如答案是“没有”，那他就一定要到书房去找一本书，任何书都可以，认真地读个半小时，确定自己已经学到一些新东西之后，才上床睡觉。

看到余英时教授这种自我惕厉、自我鞭策的做法，真是佩服之至！

学习新知识并不难，但要数十年如一日，鞭策自己从不间断地实践，真是极不容易啊！

每个人在生活中都有“舒适圈”、“轻松圈”。休闲、旅行、看电视、聊天、逛街、睡懒觉……都使自己居住在舒适、轻松的圈子里，日子过得很惬意、很悠闲、很舒服。然而，在“舒适圈”、“轻松圈”里住久了，人就懈怠、懒散了！所以有人说：

“人生最容易走的路就是下坡路，因为走下坡路很轻松，不必像上坡一样吃力、费劲！”

所以，人必须勇于突破“舒适圈”，踏出那一直让自己处于轻松状态的圈子。假如一直待在“舒适圈”里，太舒服了、不用吃力，人真的就会逐渐走下坡了。

二十世纪六十年代，马来半岛爆发严重的种族冲突、动乱事件，局势动荡不安，所有居住在东南亚的华人，都面临颠沛流离的困境。当时，一个年仅十五岁的华人骆一华，独自逃离马来西亚，全部的财产只有父母在仓促慌乱中塞给他的二十四块马币。

在离乡背井、举目无亲的情况下，骆一华一个人到处游荡，在公园里露宿了好多天。后来，骆一华看到新加坡军队的募兵广告，就毛遂自荐，以初中毕业的幼小年纪，进入新加坡航空工程培训学院。

在学院里，骆一华每天努力学习、不断吸收新知，天天做自己的“加油站”，充实自己，而且，别人不要做的事情，他都会去做！他不让自己一直住在“舒适圈”、“轻松圈”里。因为他深知，他家园残破、流离失所，如果不努力把握在学校学习的机会，恐怕还会回到公园里流浪、露宿。

航空学院毕业后，骆一华担任空军工程指挥官；退役后，他转往英国一家公司，担任驻新加坡部门的主管，负责训练直升机飞行员。

由于骆一华成长在多种族的环境，也自学马来语、汉语、英语……所以当他后来加入西门子集团后，公司把开发东南亚市场的任务交给了他。从此以后，骆一华足迹遍及台湾地区、文莱、中南半岛、中国大陆，也参与了举世瞩目的长江三峡工程。当台湾地区西门子德籍总裁史丹克退休时，已在东南亚地区奔波了十五年的骆一华，破例成为西门子有史以来第一位亚裔区域总裁，而他的年营业额已经超过四百亿。

其实，**入门并不困难，但要坚持到底，则不简单！**

的确，人在面对瓶颈时，常常体恤自己，允许自己“屈于惯性”，而一直住在“舒适圈”、“轻松圈”里。可是，正如古人所说，“生于忧患、死于安乐”，如果我们不懂得鞭策自己勇敢闯出来，也不懂得逼迫自己每天至少学习一种新知识，那么日子可能就会过得庸庸碌碌、平淡无奇啊！

骆一华说：“人的潜力必须靠逆境激发……我一直在享受自己创造命运的过程。”

是的，**只要采取主动，命运即可改变！**

唯有勇敢冲破“舒适圈”，才能享受自己创造的甜美命运果实啊！

激励小站

或许有些人不喜欢马克思这个人，对马克思主义也不了解，但毋庸讳言，马克思是影响全世界的大思想家之一。

终其一生，马克思几乎都是个“叫太阳起床的人”。每天一大早，图书馆的门一开，他就进去埋头念书，直到晚上图书馆关门，才被管理员赶出来。马克思把图书馆当自己的书库，读尽各家学说；但他本身却是穷苦潦倒，甚至在女儿死掉时，也买不起棺材、没钱埋葬女儿。然而马克思天天苦读，他“夙夜匪懈、从不懈怠”的精神，使其思想对人类世界产生了巨大的影响。

有人说：“人的成功，不是比能力，而是比毅力！”

的确，每个人若习惯于窝在“舒适圈”中，就会变得安逸懒散，所以，每个人都要做一些自我突破的事！我们绝不能在遇到困难时，安慰自己——“今天不做，反正还有明天、后天”。其实，每个困难，都是一个机会，只要我们今天能克服它，以后都将使我们引以为自豪。

我们不妨告诉自己：“虽然我不能每天都击出全垒打，但我一定要天天有安打！”让我们学习，每天都要突破“舒适圈”，尽管面对的工作堆积如山，但这也正是我们入宝山、挖宝藏的机会啊！

踩着“自己愿望的油门”向前

一枝草一点露，天无绝人之路！

美国加州大学伯克利分校校长田长霖，过去和其他留学生一样，讲英语时带着很重的外国腔。在他初任教职时，许多学生常抱怨听不懂，因为田长霖除了“怪腔”之外，语法也不标准。

为了改正自己的缺点，田长霖将他自己上课的内容，用录音机录下来，回家后一遍遍地重复听，并一字字地改正。

田长霖心想，既然我的英语“破”，学生不易听懂，那就多使用投影片、黑板，再在讲义内容上多下工夫。由于田长霖的上课重点清楚、条理分明，虽然英语还有“怪腔调”，但也是惹得大家捧腹的笑料，所以他的课十分有趣，赢得学生好评。

有一位后来成为美国大学名教授的学生，在一次见面中对田长霖说：“我以前听您的课时，大概只听懂百分之七十，我必须自己下苦功去研究另外的百分之三十；不过，您的讲义、板书内容非常充实，引人入胜，使我们愿意去弄清楚那些不懂的部分……有些本国教授上的课，我们可以百分之百听得懂，但是他却没有准备，内容贫乏、不知所云……”

田长霖以前虽然“怪腔怪调”，但他的讲课方式却在校园里出了名，所以教书不到三年，即获得全校票选的“最佳教授奖”。

其实，田长霖所表现出来的，就是一定要有达成目标的习惯！

我们常常是个“差不多先生”，只要日子过得去，马马虎虎就好。可是，人不是物品，不能永远在一个点上定格、停滞不前；**人一定要有方向，不断踩着“自己愿望的油门”去达成目标，活出自己的风格来！**

曾有一位李金石同学，在中学三年级寒假当临时工时，误触高压电，被严重灼伤，后来虽然保住了性命，却被迫截肢，成为没有双臂的人。当他躺在病床上万念俱灰时，他的母亲送给他一句话——“一枝草一点露，天无绝人之路”，要他坚强站起来、勇敢活下去！

家境贫苦的他，生活陷入困境，幸好有各界的援助，帮他装上义肢；可是他说，以前出门穿衣，只要五分钟就可以穿戴整齐，现在却要花半小时以上。

李金石休学两年后，复学念初三；他截断的手臂经常因磨破皮而流血，疼痛不已，用义肢写字时，既慢又潦草。然而，导师在周记上却告诉他——

“会做而不做，便是懒惰！虽无双臂，但不能养成惰性、处处依赖他人照顾；你有义肢，可以试着发挥自己的潜能，自力更生、开创前程！”

是的，“会做而不做，便是懒惰”！在老师的激励下，李金石考上员林崇实高中，并以全校第二名的成绩毕业，又考上辅仁大学应用数学系。

如今，李金石在彰化田中达德商工任教，成为培育英才的老师。他说，他从来没有想过失去双臂、只有两只“怪手”的自己，会站在讲台上当老师。

然而，李老师不仅教教课而已，他更是用义肢“怪手”，在键盘上敲出国际计算机程序设计比赛银牌，还在教师征文比赛中，以残而不废的奋斗故事，获得评审的激赏而得奖。

郑板桥在一首题画诗《竹石》中写道：

“咬定青山不放松，立根原在破岩中；千磨万击还坚劲，任尔东西南北风。”

的确，**事在人为，别人能，我也能**！李金石老师不去抱怨自己失去什么，而是想到还拥有什么？他珍惜现有，从不绝望，不断踩着自己愿望的“油门”突破困境；只要“咬定青山不放松”，就不怕什么“东西南北风”！

激励小站

相信吗，老天经常在考验我们，尤其会选择在“最痛”的地方，试炼我们。就像李金石，没有了双臂，还要装义肢写字，真的很痛啊！

可是，有时我们在被考验、“很痛”的时候，却要向老天发出严正怒吼、发出不平之鸣——“我绝不甘于平凡，我一定要‘自命不凡’！”

是的，我们一定要“自命不凡”！只要我们严格要求自己、不断自律、不苟且偷生、积极努力，则任何困难都不会阻碍我们向前迈进！

要有达成目标的习惯，是我常用来惕厉自己与勉励学生的话。而且，这个目标不能是“低标的”，而是“高标的”；因为，我们不能比烂的、比差的，而是要比更强、更好的，才能不断进步！

正因为对自己有高标准的要求，田长霖才能扬名国际、成为大学校长；李金石才能克服困难、为人师表，且屡屡获奖！

成功的“真正杀手”是谁呢？是我们畏惧失败、懦弱逃避的心啊！相反，一个相信自己毅力、秉持“乌龟精神”的人，其力量将超过万马千军，也必能达到目标！

“哇，好漂亮的牛奶海洋哦！”

一忍可以支百勇，一静可以制百动！

一天，我打完羽毛球，穿着T恤、短裤，要回办公室；途中经过一家理发店，想到自己一头长发该剪了，就走了进去。

一位男士热情地招呼我，并说他是“店长”。好吧，就让店长剪发好了，看看他手艺如何？

刚打完球，累了，不想说话，我静静地看着前面的镜子。后来店长问我：“先生，你结婚了吗？”我点点头回应。

店长又说：“那太好了，我告诉你一个故事好不好？”我又微笑地点头。

“我最近看到美国有个医药发明家，他说，他小时候很喜欢喝牛奶，有一次他打开冰箱，去拿大罐的牛奶，结果没拿稳，手一松，就把整罐牛奶打翻了……”这店长一边帮我剪头发，一边说道，“当时，这小孩吓呆了、缩在墙角，因为牛奶洒了厨房满地，妈妈可能会臭骂他！可是，当妈妈走过来看到时，却说，‘哇，我从来没有看过如此壮观的牛奶海洋，好漂亮哦！’”

“这小孩听妈妈这么一讲，突然就不害怕了！这时，妈妈又对小孩说，‘你好厉害哦，妈咪长这么大，都没有看过这么

漂亮的牛奶海洋耶！……你愿不愿意帮妈妈一起把牛奶打扫干净？'

"后来，妈妈就拿着抹布、清水等，带着儿子一起把厨房打扫了一遍，整个厨房变得干净无比。这时，妈妈又把儿子先前打翻的塑料牛奶罐，装满了水，放进冰箱，然后再教他怎么拿才不会打翻。——必须用双手一起拿，牛奶罐才不会松掉、才不会被打翻在地上……"

坐在座椅上，我原本昏昏欲睡，可是，听店长这么一讲，咦，似乎还蛮有道理！我儿子已经快两岁了，也经常喜欢自己打开冰箱拿饮料喝；万一有一天，他把饮料、牛奶不小心打翻、溢流满地，那我会如何处理呢？我会不会怒气冲天、大声骂他："你那么笨啊，连牛奶都不会拿，以后怎么出人头地？"

我在想，我应该不会这样没水平地骂我儿子，我可能会说："没关系、没关系，你不要过来，不要踩到牛奶……"然后，叫我太太过来把牛奶擦拭干净，哈！

我很惊讶，故事中美国小孩的妈妈并不是自己擦拭，而是叫小孩和她一起收拾、一起承担孩子不小心做错的事；而且，还把牛奶罐重新装满水，再教小孩怎么拿，才不会再次出错！

正因为这样，那美国人说，他后来就不怕做错事，也有信心和勇气不断地尝试、实验；尽管有时还是会出错，但他都学习用平和的心来看待，并勇敢地承担所做的一切。

心理学家说："当一个错误已经发生、覆水难收时，你发再大的脾气，也都于事无补！大声责骂小孩，只是使小孩更害怕、更恐惧而已；而且，愤怒，可能会造成更多的错误哟！”

（这时，我的头发只理到一半，下篇待续哦！）

激励小站

有个儿子在睡不着觉时，问父亲：“有没有什么书很恐怖、很可怕？”

父亲说：“有、有，有一本书看起来很可怕，但你最好不要看，看了以后你就会后悔！”

“真的啊？什么书？”儿子好奇地问。

“结婚证书。”父亲说。

这虽是个笑话，但在生活中，当有些错误已是既成的事实时，就必须勇敢面对、勇敢承担；歇斯底里地发脾气，会使别人遭殃，受害最大的人是自己。

事实上，一个人的情绪和心境，会影响自己的未来！一个动不动就发怒的人，表示他幼稚得还无法驾驭自己。人在愤怒时，必须克制情绪，不慌不乱、有条不紊地理出一条路来。正如苏洵所说：“一忍可以支百勇，一静可以制百动。”

情绪是可以学习的，在覆水难收时，可以如同本文中的那位妈妈一样，用正面思考的方式，和颜悦色地教导孩子、处理问题。假如我们天天用心经营自己、学习掌握自我情绪，有一天，一定会有令人惊喜的“自我新发现”——我的火气变小了、我不轻易动怒了、我的修养进步了；而且，长官可能也会因此说：“你已经展现从事较高职位的能力，可以升迁了！”

清朝陈确在《陈确集·别集·治怒》中说：“凡事遇有可怒，切莫轻发，姑忍着。小者忍一二时，大者忍一二日，其气自平。”嗯，我喜欢！

一个“臭屁店长”的启示

“心中醒、口中说，还须从身上习过！”

说真的，上一篇故事中的店长理发师蛮爱讲话的，所以我就静静地听他讲。后来，店长忽然又问我一句：“你知道我们为什么要听故事吗？”

“嗯？……”我愣了一下，不知如何回答。

“其实，并不是你不聪明，而是我们每个人都习惯单向思考，所以思路有限；如果我们能多听别人讲故事，就可以启发我们的思考。”店长很认真地对我说。

这店长一边讲话，一边剪着。后来，他又问：“先生您贵姓？”

“我……姓张。”很抱歉，在陌生人面前或不必要让对方知道我是谁时，我通常会说我姓张。

“张先生，你今天来理头发，我已经讲三个故事给你听了(另两个故事暂略)。这三个故事，对你可能有一百万、两百万的价值，而你来剪头发，才花五百块，你说，今天你是不是赚到一两百万了？”店长头也不抬地说着。

“哦，是，是，真是谢谢你哦！”

“我看，你脸胖胖的，好像脾气很好的样子，所以我才讲故事给你听……”店长继续对我说，“我问你，你一生中听过的故事有一两百个吧？”

“嗯！”我点点头。

“那你告诉我，你能讲出几个故事？”

“嗯……五个、十个吧！”我随便搭个腔。

“张先生，你很逊耶，为什么你听了一两百个故事，却只能讲出五个、十个故事呢？”

店长愈说愈起劲，还没等我开口，就说：“我告诉你，就是因为你都只有‘输入’，而没有‘输出’，知道吗？我们听别人讲故事是只有‘输入’，可是，只有自己听懂了、会讲给别人听，才是‘输出’……”

说实在的，我真是觉得这个店长“很臭屁”，居然一边剪头发一边帮我上起课来了！不过，他讲得真的很有道理，让我不得不仔细倾听。

“张先生啊，我跟你讲，你回家后，把我跟你讲的故事，试着‘用你的意思’——记得，‘不能用我的意思’哦，把它写在纸上，然后，再去告诉你太太或你的好朋友，这样，你就是‘输出’了！……”店长似乎是玩真的，竟然臭屁到要我回家“写功课”，而且又说，“你知道吗？我花很多时间去念书、去学习，我是大师级的耶，你如果花五千元听我讲，都还会值回票价，你说对不对？对不对？”

哈，真的，这店长真是这样对我讲话；而且在问我“对不对”时，还推我两下呢！真是被他打败了！我能说“不对”吗？万一我说“不对”，搞不好他“咔嚓、咔嚓”两三下，就把我剪成“锅盖头”了！

“哦，对了，张先生，有一本书对你的婚姻生活一定会很有帮助，我介绍你看好不好？”店长很好意地对我说。

“好啊！”

“那本书好像是时报出版的，叫什么《男女沟通高手》，你一定没看过对不对？你等一下可以去买来看，真的很好看！你看完后，再拿给你太太看，你们就可以组织一个读书会！”

我听了，心里一直偷笑，可是，我忍住，不敢笑出来。

“什么叫读书会，你知不知道？”店长把我的头剪得差不多了，可是，还没等我回答，立刻又说，“就是你跟你太太都看同一本书，再一起讨论，把自己的想法和对方沟通一下！”

“好，好，谢谢！”我实在不知道怎么回答这“大师”了。

“如果你经济上还过得去、不是那么穷的话，我建议你买两本，你一本你太太一本，各看各的，在规定的时间内一起看完，再划重点、记笔记，然后一起分享讨论……”店长将我脖子上的发屑拍去，收起白色布巾，又说，“你真的要记得，不能只有单向思考或只有‘输入’，一定还要有‘输出’哦！”

在柜台结账，我付了五百元，又向店长点点头，微笑一下，说声：“谢谢你！”

离开理发店，我摸摸自己的头，心想：我是不是已经胖得不像《男女沟通高手》的作者了？

激励小站

有一政治人物的夫人说，她和先生结婚三十多年来，十分恩爱，没吵过什么架，因为以前长辈就跟她说——情侣的“侣”字，就是两个人各有一个“口”，但是这两个“口”不能一样大，必须是“一大一小”，而且，两个“口”之间，还有一条线连接起来，就是要做好良好的沟通。

哇，说得真好啊！情侣、夫妻在一起，就必须互相忍让，当一方“大口”时，另一方就必须“小口”，管住自己的嘴巴；千万不能两个都是“大口”，否则大吵起来、大打出手，就会两败俱伤。

听到这个概念，我记下来，回家和太太分享，也在课堂上告诉学生。

真的，当一些话语“输入”我们脑袋时，必须找机会“输出”，并且加以实践。我们常说“学习”这个词，其真义是——“学”了之后，就要“温习”、“练习”，要懂得活用、实践，才是真正的学习啊！

如果仔细算起来，我们一定听过上百则笑话，可是要我们讲出来、讲得好笑，可能没有几则。为什么？因为我们“输入多”、“输出少”；只有听，没有练习！当我们看到演员们精彩的演出时，别忘了，他们是经过多次的“输出”演练，甚至是出糗的NG，才有完美的成果啊！

清朝大儒颜元说：“心中醒，口中说，纸上作，不从身上习过，皆无用也。”

的确，“真知”是必须不断地“从口中输出”，且“从身上习过”啊！

你的生命，有“活水泉源”吗

勇敢让自己“破蛹蜕变、亮丽再现”！

朱铭先生是国际知名的雕刻大师，他的《太极拳》《人间》等系列作品，风格独特，驰名中外。可是，您知道朱铭的本名是什么吗？朱铭的本名叫朱川泰——他没有什么学历，只读过两年的小学。

十五岁那年，朱铭苗栗通霄海边的家乡，乡民要盖一座妈祖庙，朱铭就在寺庙里当雕刻学徒，天天跟师父学习雕刻技艺。三年后，妈祖庙盖好了，朱铭也习得雕刻的一技之长；凭着这项技能，他能维持起码的收入。

后来，朱铭应聘到一家大工厂做雕刻师傅，有不错的薪水。可是，朱铭并没有因此而满足，他觉得自己充其量只是个雕刻匠，作品并没有艺术生命！如果每天拿个凿刀，去做个雕刻工匠，生命有多大意义呢？

怎么办呢？是甘心做个雕刻匠？还是去追求真正雕刻艺术家的永恒生命？

经过无数次挣扎，朱铭辞去高薪的雕刻师傅的工作，去追随雕刻大师杨英风先生，重新当一名学徒！

许多朋友听到已从学徒熬成师傅的朱铭，放弃赚大钱的工作，走回头路去当没收入的学徒，都说他“很笨”、“搞不清楚”、“莫名其妙”！

可是，朱铭并不在乎别人的闲言闲语，而是一头栽进杨英风的雕刻艺术世界，专心学习。最后事实证明，朱铭的选择与执著是正确的，因为要不是杨英风大师的指导，朱铭可能还是叫做朱川泰，只是工厂里的雕刻师傅，绝不会有后来扬名国际、创作风格自成一家的朱铭——一个“破蛹而出”的朱铭！

年轻时，当个学徒并不难；但在稍有成就、忙着大赚眼前的钱时，叫我们再去重当学徒，那可能就比较困难。

事实上，二次学习、三次学习……是很重要的！有些人认为脱离学生生涯之后，就可以一片海阔天空！然而，现今社会信息瞬息万变，我们必须有随时重当学徒的心，不断地向成功者请教、与通晓成功之道的人当朋友，才能使我们彻底“蜕变”——打破陈腐死寂的“旧我”，成为亮丽耀眼的“新我”！

一个竹园的主人问竹子说：“竹子啊，我要用你，好吗？”

竹子说：“好啊，您是我主人，我愿意被您所用啊！”

于是主人拿起柴刀，狠狠一刀，就把竹子砍掉！竹子痛得大叫：“主人啊，您要用我就用，为什么要这么狠地砍我？”

主人说：“不砍掉，怎么用，你后悔了吗？”

竹子含住泪、忍住痛说："主人，我不后悔，您要砍就砍吧！"

主人一边砍、一边说："我不但要砍你，还要把你身上没用的叶子、枝干一起砍掉，也要把你的每个竹节全部打通！"

后来，竹子面目全非，痛得不省人事。主人说："好了，竹子呀，你可以用了！"此时，主人把竹子插向水的源头，活水源源不断地流出来了！竹子已经成为了有用的工具——水管。

你的生命中有"活水泉源"吗？你想成为"有用的工具"吗？别忘了随时保有重当学徒的心——勇敢地让自己"破蛹蜕变"、亮丽再现！

激励小站

我有个女性朋友，在某大公司任职一段时间后，想重新当学生、念研究所，因为她觉得，如果到七八十岁回首时，发现自己只有大学学历，心里会很难过。下定决心后，她破釜沉舟地写了辞呈。

隔天，辞呈尚未送出，公司就贴出新的人事任命通知，她被升为科长。天哪，怎么办？升官了，薪水也增加了，要不要辞职？她挣扎犹豫了两天后，狠心地向上司递交了辞呈，并解释道——一生中少了薪水没关系，但若她安于现状、不再冲刺、再充电，因此少了学历，则会一生遗憾。

第二日清晨，上司在她桌上放了一封信，信中写道："小倩，我很佩服你的勇气和决心！十年前，我和你一样有个梦想，想去实现，可是我犹豫不决，舍不得、放不下，所以一拖再拖！如今，十年过去了，我有家、有很多羁绊，已经不容许我再去实践梦想。昨天看到你的辞呈，我一晚上睡不着觉，想着十年前的我，十分伤感与惭愧！祝福你，你一定会成功！"

哲学家亨利·戴维·梭罗说："与其坐在船舱中，风平浪静地航行，我宁愿选择站在波涛汹涌的甲板上，迎向风雨。"

许多人不敢尝试，而放弃再深造、再学习的机会，因为生怕"现有的位子不见了"！可是，哪有什么位子可以安稳地坐一辈子？人必须勇于突破，就像朱铭一样，随时做好再挑战、再奋斗的准备！也要像竹子一样，必须忍住痛，才能成为更有用的工具。

所以，我告诉自己："人的梦想一旦消失，人生就会像折翼的小鸟，无法再翱翔天际！"

第四章

不畏嘘声，含泪向前迈进

人最大的光荣，不在于从未失败，而是在于每次挫折后，都能屡仆屡起，重新勇敢地站起来。如果一直悔恨于过去的不幸嘘声，只会招来更多的不幸！

挫折感，早在年轻时都用光了

充满昂扬斗志的人生，才有意义！

古时候，有一个国王拥有无数的土地，还有满屋子的金银财宝，可是他仍然觉得不够、不满足，闷闷不乐。一天，有个金仙子出现了，她问国王："国王陛下，您觉得到底要怎么样，才会快乐呢？"

国王想了想，说："我要有一只金手指，只要我的金手指随便一碰，什么东西都可以变成金子，那我就会很快乐。"

"真的吗？您真的想要一只金手指吗？您要不要再考虑一下？"金仙子问道。

"不用考虑了，这是我一生中最大的梦想，只要有金手指，我的梦想就能实现，我就会很快乐！"国王说。

于是，金仙子就让国王有了金手指，只要国王愿意，桌子、椅子、盘子、墙壁……凡是他碰过的东西，都变成金制的物品。哇，真是太棒、太高兴了！

国王跑到花园，闻到阵阵的花香，就顺手摘朵花来闻赏；可是，手一碰到花朵，花朵立刻变成"金花"，不再有香味！

国王又走到餐厅，看到满汉全席的大餐，垂涎欲滴地想饱餐一顿；可是，当他拿起盘中的鸡腿时，鸡腿瞬间变成了“金鸡腿”！

正当国王垂头丧气时，他最疼爱的小女儿跑了进来，国王很高兴地抱起这可爱的小女孩，可是，刹那间，她也变成了“金女孩”！

“混账！这是什么金手指，居然把我女儿都变成了金的！”国王大声怒吼，“来人哪，去把那金仙子给我抓回来！”

可是，无论国王怎么找，都找不到金仙子；他又饥又渴、又失去了心爱的小女儿！国王非常痛苦，金手指、点金术成了他挥之不去的梦魇。

古希腊哲学家柏拉图曾说过一句话：“对一个小孩最残酷的待遇，就是让他心想事成。”

是的，凡是心想事成的小孩，一直在父母的保护伞下成长，要什么就有什么，正如金手指的故事一样，一直享受心想事成的果实；可是，没有遭遇挫折打击是件好事吗？万一有一天，长辈的保护伞不能再遮风避雨，那一生中难道真的事事都能够心想事成吗？

曾有一名大学男生告诉我，他找另一半的条件是——“美貌、漂亮是一定要的啦，而且，最好也是大学学历，有一栋别墅、一辆奔驰轿车，还有一千万现金作为嫁妆，这样，我就可以少奋斗二十年了！”

有人多么盼望能少奋斗二十年，希望生活中有金手指，以便能心想事成；可是，你的斗志在哪里？生命难道只是衣来伸手、饭来张口吗？**人生是一连串奋斗的过程，充满昂扬斗志的人生，才有意义啊！**

有个女孩，在澎湖离岛出生后，就被父母送给别人养；十五岁时，好赌成性的养父决定把她卖掉！于是，这女孩偷偷离开养父母，只身到了台湾，因为她觉得："为什么自己的命运，要掌握在别人的手里？"

这女孩到台湾后，打零工、织毛衣、摆水果摊、卖鱼、开小吃店……拼命赚钱，也被骗了很多钱。如今，她已是五十多岁的妇人了，但是，她也成为了一家公司年薪千万的超级业务员。

这位妇人常对别人说："我的挫折感早在年轻时都用光了！"

这句话真给我十足的震撼！是的，她没什么学历，她曾一无所有，还差点"被卖"；她不敢奢望有"金手指"，只是脚踏实地、积极乐观地工作，不畏惧跌倒失败，因为"挫折感早在年轻时都用光了"——现在，她对挫折已经"免疫"了！

激励小站

人生会面对种种困难无休止的挑战，是一场多事多难的漫长“战役”，所以不可能有心想事成的事！

试想，如果点石能成金、心想能事成，人生还有什么乐趣可言？假如大家都是亿万富翁、投篮时每个人都能百发百中、阿猫阿狗都可以击出全垒打……那还看什么呢？球场早就关门了！

篮球之所以吸引人，是因为超级球员在不可能投进的角度，仍然腰直身挺、擦板得分！人生之所以值得喝彩，是因为有人在艰难困苦中，依然昂首挺胸、屹立不摇！

再说，如果人人都能心想事成，也不是件多好的事！例如，你走在路上，突然一辆机车疾驶而过，溅得你一身污水，于是你破口大骂：“猪啊，你最好到前面路口被撞死！”咦，说着说着，那辆机车就到了前面路口，“砰！”天啊，他真的被一辆卡车撞死了！你说，心想事成有时是不是也很恐怖？

的确，有人盼望心想事成，只想娶个有钱老婆，少二十年的奋斗；可是，这二十年你要干什么？天天吃喝玩乐？殊不知，不轻易得来的奋斗果实，才是弥足珍贵啊！

莎士比亚在《哈姆雷特》中说：“人在活着的时候，如果最大的长处与价值只是吃饭和睡觉——一个畜生，如此而已！”

强忍泪水前进的“落水狗”

失败，是人生的一部分！

大部分人都看过马戏团表演，不管是在现场或是电视节目中。马戏团的表演内容多彩多姿，其中空中飞人的表演，常是最精彩的压轴好戏。当演员在半空中摇荡时，观众的眼睛随着秋千上下左右摆动；当演员的双手从秋千松开，在空中翻转时，观众不禁一阵惊叫，一颗心悬在半空中，直到他紧紧抓牢另一演员的双手时，才听到观众如雷的喝彩声。

曾有一个马戏团演员，一直是表演空中飞人的老手，在空中翻转三四圈的绝活，是他轻而易举就能做到的看家本领。一天，他仍然笑容满面地出场，接受观众的掌声，准备开始表演他的拿手好戏。

当这演员做好暖身动作，握住空中秋千左右摇荡时，观众也开始提心吊胆起来。此时，观众席中有人说：“他这样荡来荡去，不知道会不会失手掉下来……如果掉下来，一定会很精彩！”

这时，“空中飞人”放掉秋千，在空中翻腾，一圈、两圈、三圈，然后抓住另一端演员的双手。可是，只听见“啊——”

一声，空中飞人没抓牢对方的手，从半空中急速地掉落在护网中！

“空中飞人”一脸尴尬地从网中爬起，观众席中有人传来喝倒彩的嘘声，但也有些零星的掌声。

嘘声是令人沮丧的，然而，“空中飞人”却不因此而气馁，他随时记着那些观众的嘘声，关起门来加倍苦练。以前，他只能在空中翻转三圈，半年后，他进步了，可以在空中翻转四圈，再从容地抓住同伴的手。

后来，这“空中飞人”再度登场表演；在五彩缤纷的气球与欢乐的音乐声中，他，微笑着向观众深深一鞠躬，再爬上高梯……

“空中飞人”抓住半空的秋千左荡、右摆，紧紧扣住观众的心！他放手了——向上翻腾，一圈、两圈、三圈、四圈，哇，四圈耶……刹那间，空中飞人稳稳地抓住同伴的手，再来一次——左荡、右摆，再腾空翻转，一圈、两圈、三圈……观众几乎屏住气息、不敢呼吸，四圈，哇，观众席传来如雷的掌声，久久不息！

表演完毕，有电视记者来采访，问道：“上次你失手，从半空中掉下来，这次你表演成功，赢得满堂彩，心里有什么感觉？”

“我很希望爱护我的朋友，在我跌倒、遇到挫折时，多给我一些鼓励和安慰，而不是嘘声四起！”“空中飞人”说。

的确，失败，是人生的一部分，哪有人在人生道路上，不曾失败过？

可是，我们是不是可以换另一现实的角度来想——别人花钱买票，是来看精彩的空中飞人表演，而不是花钱来同情你、安慰你的，不是吗？

在我们跌倒、遭遇挫折时，别人的嘘声是很残酷，但或许也是一种必然的反应，我们实在无法期待每个人都一定要给我们安慰啊！

因此，最好不要让别人有给我们嘘声的机会！万一，不幸有嘘声响起，也必须忍住；因为，真正的强者，并不是一直在享受着掌声和安慰，而是——在嘘声四起时，还能含着泪水，更加坚定向前迈进脚步！

激励小站

人最大的光荣，不在于从未失败，而是在于每次挫折后，都能屡仆屡起，重新勇敢地站起来。如果，一直悔恨于过去的不幸嘘声，只会招来更多的不幸啊！

有时，人生是无情、残酷的，在跌倒、遭遇挫折时，不仅嘘声四起，甚至会被当成“落水狗”，被穷追猛打；就像美国前总统克林顿一样，绯闻一曝光，全世界的挞伐、谴责、嘲笑、揶揄……排山倒海而来，真的比“落水狗”还凄惨！

或许，有人认为克林顿这个人很差、很烂，不过再差、再烂的人也有站起来的权利啊！“落水狗”也有再次迎向阳光的权利！

人生就像马拉松，有人跌倒、有人体力不支、有人远远落后、也有人弃权；但是，奔跑在途中的名次不算数，只有到达终点，冲过了终点线，才是定局。中途跌倒、落后，并不可耻；因为，或许有一天，“落水狗”也可以不畏嘘声，重新振奋精神、勇往直前，闪着泪光抵达终点！

“飞奔救儿”的冲刺爆发力

没有苦难，人的灵魂就不会长进！

前些年报载，美国有一位年轻的母亲，因残障不良于行，所以必须以轮椅代步。一天，她十七个月大、正学走路的女儿在玩耍时，不小心掉入游泳池里。这年轻母亲未经片刻思考，立即快速地连人带轮椅一起冲进游泳池。

这位残障母亲不会游泳，她穿着衣服在游泳池中不断地奋力挣扎、找寻女儿。虽然她呛了好几口池水，头晕目眩，但她仍独自一人把女儿救起，虚脱地爬上池畔，为女儿做人工呼吸，而救活了女儿。

事后，当警方请这残障母亲描述怎样从游泳池中救起女儿时，她竟答不出来，只说当时她脑中一片空白，唯一的信念就是——“一定要把女儿救起来！”

日本《朝日新闻》也曾报道，一妈妈趁三岁幼儿睡觉时出门买东西；回家时，在巷口与邻居聊天。而家中幼儿醒来，爬到阳台上，不停地哭喊着找妈妈，妈妈一看吓呆了；这时，幼儿一不小心从五楼阳台上坠落，就在那一刹那，妈妈拼命飞快地冲了过去，竟戏剧化地接住急速往下坠落的儿子。

后来电视记者请来赛跑选手，模拟当时妈妈飞奔救儿的情况。三岁的儿子约十五公斤重，在重力加速度下，所有赛跑选手竟然都没办法及时、成功地接住从五楼落下的十五公斤重的物品。

人的潜能是无穷的，是超乎我们想象的，只是没有被激发出来而已！

在北伐时期，国民革命军和军阀吴佩孚的部队交战，一向拥有"不怕死"美名的吴佩孚部队，连吃败仗、兵败如山倒。事后有人问吴佩孚："你的部队不是都不怕死吗？怎么还会打败仗？"

吴佩孚说："我的士兵是'不怕死'没错，但是革命军却是'不知死'啊！"

残障的母亲，为了救女儿，她不知死，可以连人带轮椅冲进游泳池；瘦弱的妈妈，为了救坠楼的幼儿，她不知死、奋不顾身，其冲刺爆发力竟胜过训练有素的选手！

为什么我们的潜能常不能展现？管理学中有所谓的"X理论"，强调人的惰性常普遍存在于每个人内心而不自知，致使我们的行为受到影响，使我们的潜在能力无法发挥。

你听过"泵理论"吗？泵是早期人们钻井取水的压缩机器，

泵压力愈大，反弹力愈大，取水的几率也愈大。

人也是一样，需要“泵”不断地“强压”，才能把我们内在的潜能激发出来！许多入狱的受刑人，他们曾花天酒地、吃喝嫖赌，然而他们在狱中重新悔悟，发愤图强、努力念书，终于顺利考上大学。我的哥哥，在一次车祸中失去了一只眼睛，他没什么高学历，也没什么好工作，人生几乎跌到谷底！后来，他知道，不再往上爬不行了，所以他找了一家美商人寿保险公司，从业务员做起，不断激励自己，努力、再努力！六七年来，他升任经理，还多次在大型典礼上接受颁奖表扬。

我们都知道，鸟在空中飞，必须胜过空气的压力和阻力才飞得起来；飞机也是一样，如果没有空气的阻力和压力，飞机就会掉下来。苦难对我们而言，也是一样，没有苦难、没有压力，人的灵魂就不会长进，人的潜能也不会被激发。

你甘愿做个平庸的人吗？不，我不甘愿，绝不甘愿！

看到失去双手的人，可以坚忍不屈地成为“口足画家”；失去双眼的人，可以克服万难留学念博士。我们双手双脚健全的人，还有什么借口让自己不发挥潜能，而平淡无奇地虚度光阴呢？

激励小站

有位男士，参加小区运动会，连夺一百米、四百米两项冠军。

记者采访他时问道："你的爆发力为什么这么强，比年轻小伙子还厉害？"

这男士回答："我每次在起跑线上，一听到枪响，就把它当成是我老婆的鬼吼大叫，所以我就没命地往前冲！"

这就是潜能！人若没有被激发，潜能怎能发挥得如此淋漓尽致？

武打明星成龙，他没念什么书（只念到小学一年级），但他主演的电影，几乎不用替身，他总是向最高难度挑战！尽管他遍体鳞伤，无数次住进医院，但他告诉自己，必须全力以赴、激发自己无限潜能、挑战生命极限，来做最完美的电影艺术演出。正因为如此，成龙武打招数不断精进，普受全世界影迷的喜爱。

其实，人有许多能力、才华，一直被藏在上了锁的"箱子"里；而咱们心中的懒惰、坏习惯、不积极、划地自限就是那把锁，或许已经有数十年未开启了！快想想办法吧，赶快找来钥匙打开它！千万不要让这把锁，锈到打不开呀！

学习抓住生命中的可能

机会，绝不会留给准备不周的人！

曾在报上看过一则幕后新闻：一九九二年十月，音乐厅邀请慕尼黑爱乐乐团，来台湾参加演出，当时的指挥是八十高龄的大师级指挥家——谢尔盖·切利比达奇。

音乐会当晚，厅内座位爆满，户外的大屏幕电视现场转播，也有数万名听众席地而坐，在皎洁的月光下，静静聆听《唐璜》和《布鲁克纳第四号交响曲》。

满头白发的指挥切利比达奇有音乐家的威仪风采，也极具亲和力；在那场演奏之后，他对台湾留下很好的印象，答应两年后，再率团来进行音乐演奏。

可是，一九九四年八月，切利比达奇心脏病发，住院开刀，一直到了九月，医生才确定，切利比达奇无法搭机远行。台湾的音乐厅接到此消息后，十分紧张，因为要临时找一个大师级、又能及时配合来台湾代替演出的指挥家，谈何容易啊？

慕尼黑爱乐乐团曾找遍够资格的指挥家前来代替他，但都不顺利；后来音乐厅方面突然想到——旅美的年轻音乐家吕绍嘉很不错！于是，承办人漏夜找到人在美国的吕绍嘉；越洋电话中的吕绍嘉，在犹豫一阵后，终于勇敢答应接下这突来的艰巨任务。

然而，吕绍嘉和慕尼黑爱乐乐团的行程都很紧凑，没有时间练习与彩排，吕绍嘉只能在音乐会开演前和爱乐的团员一起排演。其实，在演出前，部分了解内情的人员，心里还都忐忑不安呢！

说实在的，这是个“赌注”，也是个“风险”，因为慕尼黑爱乐乐团的团员，都是世界级的顶尖音乐家，要他们听从一个未曾合作过、从台湾地区来的年轻人指挥，心里恐怕会不太舒服；万一指挥出了些小差错，他们可能会“白眼相待”。

音乐会开始时，吕绍嘉风度翩翩地站上指挥台，信心十足地拿起指挥棒，在数万观众的注视下，让优美的乐声，缓缓地飘奏出来；他没有更改原先曲目，而是勇敢地挑战原指挥大师切利比达奇所安排的穆索尔斯基《展览会之画》等高难度的曲子。

当晚，音乐会结束时，全场观众欢声雷动，久久不绝于耳，连慕尼黑爱乐乐团的团员也都觉得，吕绍嘉的指挥极为完美、无可挑剔，他们甚至还邀请吕绍嘉担任在欧洲另一场音乐会的客座指挥。

1995年，吕绍嘉应聘为柏林国民歌剧院的首席驻团指挥；1998年，又应聘为德国国家莱茵爱乐交响乐团、科布伦兹市立歌剧院的音乐总监。

有人说，什么叫好运？**好运就是当机会来临时，我们已经做好万全的准备了。**我们必须“以才待机”——以我们的才能来等待机会啊！

吕绍嘉的成功，是幸运吗？其实，他不也是熬过了辛辛苦苦练习的日子，才等到了上台展现风采的机会？

有些棒球球员，常抱怨自己只有坐冷板凳、“代打”、“代跑”，或当“后备投手”的份儿；可是，“代打”不也是个机会吗？只要你适时击出安打或全垒打，就可能“一棒成名”，成为正式上场的球员啊！万一你是后备投手，临危受命，却能从容不迫地把对手已经“满垒”的危机解除，那么，下一次先发投手的机会，不就指日可待了？

激励小站

曾听说，“经营之神”王永庆旗下的企业员工有数万名，平常要和王先生见面的机会，实在微乎其微。但是，偶尔王永庆先生会找一些部属一起吃午餐，顺便开会。而王先生在吃饭时，经常会向部属提相关问题；假如被询问的员工没准备、一时答不出来，则这名员工以后就再也没机会和王永庆先生吃饭了！

好可惜哦，是不？

一个成功的人，必须抓住生命中的可能，让自己一直保持在“备战状态”，这样当机会来临时，就能随时信心十足地上场。因为，机会，绝不会留给准备不周的人呀！

有人说，有三种东西我们永远无法抓回来：一是时间，二是已做过的事，三是机会！

虽然机会一去不复返，但我们也确信，没有一个成功的伟人曾经抱怨说：“我没有机会。”

不后悔失败、也不沉醉辉煌

让咱们的心，随时填满理想！

在一九九二年八月的巴塞罗那奥运会中，韩国选手黄永祚勇夺马拉松金牌，被韩国媒体捧为“民族英雄”，全国民众视他为“超级巨星”，为他疯狂！

当然，能获得奥运马拉松金牌是极不简单的事，黄永祚不知熬过多少在烈日下苦练的日子，咬紧牙关、吃尽苦头，才能打败各国劲敌，一圆奥运金牌的美梦。当黄永祚勇夺金牌后，韩国政府、企业财团即对他“犒赏不绝”，使他顿时成为“亿万富翁”。

可是，不到四个月的时间，黄永祚突然召开记者会，宣布“退出体坛”。他说：“由于精神上的压力，以及各界人士对我期望过高，造成我心理上极大的负担，让我无法继续过正常运动员的生活，所以，我决定退出体坛！……至于有人指责我赚了太多的钱，以致对马拉松运动热忱大减，对此，我愿意奉还各界赠予的奖励金，以求清静……”

有时，人在登上巅峰后，会突然失去目标和方向。在闪烁的镁光灯和喝彩掌声中，人真的很容易迷失自己。

韩国曾有一名三餐以方便面果腹的十六岁中距离赛跑选手林春爱，在一九八六年汉城亚运会中，一举囊括女子八百米、一千五百米以及三千米三枚金牌。林春爱一夕之间成为韩国体坛的“灰姑娘”，是全国皆知的“超级巨星”。不料，因各方不断地“犒赏”她，邀请她庆功、吃饭、上电视作秀……致使她丧失了过去热爱运动的原动力——“饥饿精神”——一个不断惕厉她往前冲刺的驱策力；最后，林春爱被迫提早结束运动员生涯。

人，可以有迷人的风采，却不能迷失在令人眩晕的掌声中。

人，可以拥有傲人的光辉纪录，却不能一直沉醉在往昔光荣的回忆中。

当记者的朋友都知道，采访到独家新闻是一件令人兴奋、雀跃的事。但是，独家新闻只有一天的生命，明天一早起床，你就必须“归零”，重新站在起跑点上，再去采访、挖掘其他新闻！如果一直沉醉在“昨日独家”的喜悦里，而忽略了必须再努力冲刺，那么就可能漏掉今天的“独家新闻”呀！

有一只好奇的小狗问妈妈：“妈妈，幸福到底在哪儿？”

狗妈妈笑着回答：“乖狗狗，幸福就在你的尾巴上啊！”小狗狗听了，一脸疑惑。它想：“既然这样，我只要咬到自己的尾巴，就能捉住幸福啦！”

于是，小狗开始追着自己的尾巴跑；可是，它再怎么努力跑，也一直追不到自己的尾巴。后来，它十分伤心地跑到狗妈妈面前哭诉说：“妈妈，我很努力地追，可是我还是咬不到尾巴、追不到我的幸福，怎么办？呜……”

狗妈妈笑着对小狗说：“傻孩子，幸福是在你尾巴上没错，只要你不停地勇敢往前走，它就会一直跟在你后面啊！”

的确，让我们每天充满期待。天一亮，就立刻起床，既不后悔过去的失败，也不沉醉于过去的辉煌，天天以高潮的心情，勇敢向更高目标挑战！这么一来，“幸福的尾巴”也就会在我们身后，跟随而来！

激励小站

知道“怕”这个字，是哪两个字的组合吗？是“心”加上“白”！一个人的心，如果“白”掉了，就会让人感到惧怕！

在奋斗过程中，人的心充满理想，才会不畏艰苦、披荆斩棘，这样就不会“白”，也绝不会惧怕。但在到达巅峰后，人开始松懈了，庆功、奖赏、欢愉、玩乐，接踵而来；于是向前的脚步停歇了、旺盛的企图心暂缓了，人的心，可能逐渐“白”了！

有人说：“环境愈富裕，就愈难达成原定的目标！”确有几分道理。曾在报上看到，成功企业家的第二代，花天酒地，包下酒家、酒女，歌舞宴客，一晚上挥霍数百万，久而久之，导致公司亏损、破产。

我们的心，绝不能“白”，必须随时填满理想！因为，英雄必须打破旧纪录——每天、每月、每年都得打破自己的旧纪录啊！

“排行榜冠军”又如何？若不能维持佳绩，那只是昙花一现！英雄必须懂得抓住机会，也必须懂得适时放弃利益，让自己尽可能地站立在耀人的巅峰！

着急的父亲抢了那辆车……

愤怒，常跟愚者如影相随！

很多年前，美国有一位青年心脏病发作，等待医生救援；邻居紧急通知该青年的父亲，又打电话请附近诊所的医生前来急救。

当时，焦急不已的父亲，刚好将车子送厂检修，情急之下，就拿了一把手枪，走到十字路口，对着红灯前面一辆汽车的驾驶员，大声喊道："你马上给我下车！……你闭嘴！再啰唆就打死你！"

这父亲顺利地抢了那辆车，一路加速开回家里，见到抱着前胸、在地上翻滚的儿子。心急如焚的父亲不断地安慰儿子："你再忍一下，医生马上就来！"

可是，五分钟、十分钟、二十分钟……过去了，却没看见医生赶来急救。最后，这父亲眼睁睁地看着儿子，在痛苦、挣扎、无助中死去。

当父亲抱着儿子身体痛哭失声时，医生才带着急救箱匆匆赶到。父亲对着医生破口大骂："你这什么烂医生，竟然拖到现在才赶来，你看，因你的延误，我儿子……已经死了！"

可是医生也大声吼叫着回骂：“你刚才在十字路口为什么拿着枪抢我的车？还威胁我、不准我开口讲话，就强行把我的车开走！”

有一个学生在台中市一所私立高工夜校读一年级，一次，他骑机车到一家机车行修理机车。车修好后，老板索价三千元，可是，这个学生认为修个车就要三千元简直是坑人，就与老板吵了起来！

后来老板从抽屉里拿出西瓜刀砍学生，学生左手肘几乎被砍断，痛得倒在地上。这时，学生看到地上有一把锯子，就捡起来疯狂还击，砍了老板无数次，最后老板伤重不治，倒在血泊中死亡！学生虽然伤痕累累、血迹斑斑，却被警方依杀人罪移送少年法庭。

有时，人很容易冲动、愤怒，或是暴跳如雷。可是，这些负面情绪对我们而言，却极具杀伤力与破坏力！人一冲动，可能酿成无法弥补的伤害；人一愤怒，可能造成终身无法挽回的遗憾！

事实上，冲动、暴怒，是一种选择，也是一种习惯！

当我们面对挫折、被侵犯，或遭受不合理对待时，可以有不同的选择。有人选择了冲动、愤怒，有人却选择了和缓、冷却！如果我们暴跳如雷、大打出手，很可能因失去理智而失控，最后造成令自己悔恨不已的局面。

电影《佐罗》中有一段剧情——年老的佐罗严格地训练徒弟，稍有偏差，就甩皮鞭纠正。年轻气盛的徒弟没多久就被激怒了，火冒三丈地冲向佐罗，出手想揍他；可是，老佐罗用手轻轻挡住徒弟，淡淡地说一句："记得，生气时千万不要出手！"

是的，**生气时，千万不要出手**！

同时，**生气时，也绝不要立刻做决定**！

当我们被激怒时，一定要学习延缓发怒，试着让愤怒冷却下来！因为，怒火上升的最初十秒、二十秒是最关键的时候，一旦我们忍住了，怒气就可以消弭了！

在我被激怒时，我学着告诉自己："他凭什么让我不高兴？我气得全身发抖干吗？我还有更多、更重要、更伟大的事要做呢！"

记得，不要把冲动、生气、愤怒视为理所当然，或自我合理化地说："我的个性就是这样嘛！"因为，一个脾气暴起又暴落、喜怒无常，或容易被激怒的人，是比较难成功的！

激励小站

有时人的失败，不是被别人打败，而是被自己的情绪打败；一个人若情绪起伏太大，一下子兴奋得手舞足蹈，一下子又沮丧不已，或怒容满面，都无法使人在遭遇问题时，冷静面对、沉着应战啊！

《圣经》的“希伯来书”中说：“你莫急于动怒，愤怒只跟愚者如影相随。”

的确，一个能战胜自己情绪的人才是强者！我们千万不能让负面情绪变成一颗“不定时炸弹”，更不要被人家说：“他很有才华，但也很情绪化！”

一天，我到一栋商业大楼的二十层去拜访朋友。进了拥挤的电梯后，发现大部分楼层的指示灯都亮了！怎么搞的？原来是有人太靠近墙边，碰触到“残疾人专用”的指示灯按钮。天啊，一想到每一层都要停一下，就很烦、很生气！

此时，我忽然看到电梯门旁贴着的一张小纸条，写着：“天天忙碌、压力好大是不是？轻松一下，别烦躁，享受一下此刻的宁静吧！当您走出电梯时，不妨微笑一下！”

是的，“轻松一下，别烦、别生气”，因为愤怒是缺乏修养的表现，也是毒化自己的毒剂！在电梯里，我别无选择，尽量放松自己；当到达二十层时，我也按照字条所说——微笑地走出电梯！

第五章

摸石过河，必须踏稳脚步

假如，每个人都不愿努力耕耘，只想追求那速成的财富，这是十分危险的。古人说“宁走十步远，不走一步险”。人必须脚踏实地，不能心存侥幸啊！

令人印象深刻的“小人妖”

一丝不苟地扮演好自己的角色！

圣诞节前夕，小侄子打电话来，邀请我和内人一起到教会参加圣诞晚会。小侄子很兴奋地说：“叔叔，你一定要来哦，我会上台表演！”

听到念幼儿园的小侄子如此真诚、热切的邀请，又想到他天真的模样，站在舞台上，有聚光灯照射，一定十分活泼可爱、讨人欢喜。

晚会当天，我和太太准时前往教会，和嫂子坐在台下观看表演。小朋友的钢琴、小提琴独奏、独唱，以及舞蹈，都没有小侄子上台；直到最后舞台剧开演，我才发现，小侄子站在台上，手撑着道具树干、树叶——演“一棵树”。只见小侄子面带笑容，认真地当“一棵树”，还对着台下的我们微笑。

第二幕，男女主角精彩对话后，台上出现“一只狗”，咦？表演狗的小朋友，不就是小侄子吗？他弯着腰、趴在地上，带着道具狗的外壳，一丝不苟地按照老师的要求，在台上爬来爬去。从头到尾，他大概弯腰久了，脸红彤彤的。尽管他没有一句台词，但脸上依然露出可爱的笑容！

晚会结束后，小侄子高兴地跑来问我：“叔叔，你有没有看到我在台上？我表演得好不好？”

说实在的，我原以为小侄子会当男主角，和漂亮的女主角表演精彩的对手戏，可是，他竟然只站在台上演“一棵树”和“一只狗”！而且，从头到尾，他连一句台词都没有，天啊，这叫我怎么说：“你表演得很棒！”

可是，小侄子在台上那么可爱、表现得那么称职，我又怎能说实话、伤他的心？所以，我就摸摸他的头说：“你在台上笑得很可爱，表演得很好，大家都很喜欢看你！”

后来，小侄子又对我说：“我们老师说，我站在台上看到别人，就会紧张得说不出话来，所以表演不用讲话的树和狗就好了，嘻——”

而在旁的嫂子也指着小侄子对我说：“他被老师选上后，就很高兴，每次排练，他都一定嚷着要准时到，有时候，男女主角迟到很久没有来，他就跟老师说‘可以先排演我的呀’……结果，老师说树和狗不必排演啦！可是他却嘟着嘴说‘树和狗怎么不用排演？一样也都要排演啊’，他就扛着道具树站在台上，很高兴地站着、自己排演……”

记得到泰国旅游时，曾在芭堤雅看到“人妖秀”的表演。我真的很惊讶，男变女之后的人妖，竟是那么漂亮、美艳、婀娜动人！当然，站在舞台中的女主角，真是魔鬼身材——高挑、妩媚、曲线玲珑有致。而舞蹈人群中，一大群小配角的身材就比较差，也不太吸引观众的目光。

可是，我忽然发现，第一排的小配角中，有一小人妖好可爱，从头到尾，一直满脸笑容，舞蹈也一丝不苟，不像其他小配角，因观众注意少，动作就随便，或懒得微笑。说真的，那场表演中，我好喜欢那个小人妖哦！“她”虽然不是主角，但是“她”甘于当小配角，认真、愉悦、称职地扮演好“她”的角色。所以，直到离开泰国多时的今天，我脑海中仍清楚地记得“她”讨人喜爱的模样。

其实，如果配角扮演得很好，也会有很多人激赏啊！奥斯卡金像奖不就有最佳男、女配角奖吗？相反，若担当主角大任，却演得不好，大骂的人会更多呢！

激励小站

有些人从小就常当主角，一直被小心捧着，或得到大声喝彩。然而，若有一天突然变成小配角，心中就会怅然，产生失落感、挫折感。其实，人生舞台上，谁能一直当耀眼的主角呢？即使当上主角，天天被掌声包围，也一定会有下台的一刻啊！

美国前总统肯尼迪，曾是全世界最有权力的“男主角”之一，他年轻、英俊、多金，身旁又有众多美女，真是羡煞无数天下男女。可是，刹那间，他遇刺、中弹、死亡——这成为轰动全世界的头条新闻！而隔天副总统约翰逊就任总统，太阳照样升起，地球依然运转，老百姓仍旧吃喝干活，万事一如往昔。

所以，当主角又如何？拿第一名又怎么样？

想起小侄子，兴高采烈地站在台上当“一棵树”、“一只狗”，他虽然没当主角，但却满心欢喜地肯定自己的存在，还一丝不苟、不偷懒地扮演好自己的角色，这难道不就是人生中最可贵的信念吗？

那疤痕，名叫“乐极生悲疤”

摸着石头过河，须稳踏一步，再迈一步！

希腊神话中有个故事说，有一个手艺极佳的工匠得罪了国王，只好带着儿子逃亡；但徒步逃亡太慢了，所以工匠就用蜡和羽毛做了两对翅膀，领着儿子飞上天，来躲避国王的追杀。

这工匠曾经警告过儿子，不能朝着太阳飞，否则翅膀上的蜡会融化。可是，飞上天之后，儿子真是太兴奋了，忘了翅膀的缺陷，一直朝向太阳飞去，结果翅膀上的蜡融化了，这孩子也跌下地摔死了！

我有个朋友，在美国念书时，决定与相恋的女友闪电结婚。

年轻人结婚，父母也不在美国，不需要排场，所以，他们就找另外一男一女当傧相兼证婚人，到赌城拉斯维加斯的小教堂结婚。

婚礼仪式结束后，他们四个人开着车，一路说笑、狂欢。突然“轰——”一阵震天巨响，他们的车撞到山壁，整辆车翻滚两圈……就这样，新郎、新娘就在结婚数小时之后，一起共赴黄泉，而女傧相也身受重伤，奄奄一息……

古人说："生于忧患，死于安乐！"

的确，我们在困苦、患难时，经常小心翼翼、战战兢兢地做事，生怕一步踏错，就会让自己跌到谷底、难以翻身！然而，当我们喜上眉梢、无比兴奋、快乐狂欢时，最容易失去警觉性，没有心理上的防范，往往就会在这时重重地摔一跤。

这一摔跤，若只是鼻青脸肿，那还没关系，毕竟仍有复原的机会；假若这一跤是致命的一跤，回天乏术，可就令人遗憾终身了！

听说，有体弱多病的老人活到九十几岁还精神奕奕！为什么？——因为他有危机感。虽然经常喊这里痛、那里痛，但他时常记得去医院看医生！所以，俗语说，"小病不断，大病不患"！

也曾听说过，身强力壮的朋友，从不生病、也不看病，可是一有病痛，到医院检查——"癌症晚期"，没几天就走了！为什么？因他从来没出现"警讯"、没有危机感。他认为，自己身体很棒，没有必要做身体检查。可是，等到一发现病情，可能就是大病了。

危机感、危机意识，能让我们随时提醒自己——小心每一步，不要被快乐、平顺冲昏了头！

当我们站在山的顶峰兴奋欢呼、跳舞狂欢时，必须更加谨慎下一步，因为——每个太平盛世，往往都是走下坡的开始；因为——当我们攀爬到山的顶峰后，就可能必须走一段下坡！这下坡，可能是一段“险降坡”，我们必须更加稳住自己的脚步啊！

就像摸着石头过河，须稳踏一步，再迈一步，才不会被激流冲走啊！

激励小站

以前念书时，有个身体粗壮的学长，一直追求舞蹈科的漂亮女孩，但这女孩追求者甚众，并没有把这学长当男友。

一天，舞蹈科女孩在校园巧遇这学长，大概是觉得这学长平常对她蛮好的，就和他打招呼，还顺手从皮包中拿出一个梨，说：“学长，这梨送给你吃，这是我从南部家里带来的，很好吃哦！”

学长一听，好高兴，就收下梨。随后，女孩说要赶着上课，即道再见。这学长一脸喜悦的微笑，一直盯看着女孩的身影……

当时，我和同学在旁边叫：“学长！学长！”可是他没听到，只是一脸陶醉地走着，还不时转头看着女孩曼妙的身影……突然，“咚！”一声，学长一脚踩空，整个人掉到路旁水沟里，不过他的右手还是紧紧抓着那个梨不放。

我和同学跑过去把学长扶起来，只见他长满汗毛的左脚鲜血直流。

“学长，刚才我们一直叫你小心，不要掉到水沟里……”我说。

“我哪有听到啊？我正在看她，哪听得到你们在鬼叫什么？”学长说。

摔这一跤，学长左脚缝了十针，可是，那女孩最后还是没选上他。所以我们说，学长左脚那道长长的疤痕，名字叫做“乐极生悲疤”，病因——缺少危机意识！

当一个“乌鸦嘴”泼冷水时……

将别人的批评，视为是一种礼物！

我刚从美国获得博士学位、返回家乡任大学系主任时，曾非常努力地推动系务，还积极让自己在媒体上曝光。当时只要有电视节目邀请，我就欣然应邀，上电视侃侃而谈，极力推销自己；而且还在最知名的报纸、杂志上写专栏，企盼把自己最得意的想法和理念，通过大众传媒，尽快地与大众分享，有时一个星期要写四篇专栏。

一天一位前辈打电话告诉我：“晨志啊，你回国以来，不管是在传播教育界还是实务界，都小有名气，大家都常看到你写专栏、上电视，你表现得很积极、很不错！……不过，你还是要小心、谨慎、内敛一些，因为，人一旦曝光多了，就会招来很多闲言闲语和批评，很多人也会开始在背后攻击你！”

这前辈用十分关心的口吻继续对我说：“而且，说实在的，你经常花时间在上广播、上电视、写专栏，这么一来，你对系里的付出，以及教学的质量就会相对降低，可能其他老师、学生都会有意见……”

听到前辈的这番话，我好想反驳：“人不就是要懂得推销自己吗？我曝光多，不也是为系里打知名度吗？”可是，我又一想：前辈的话，也是对的啊，我汲汲于上媒体曝光、打知名度，真的已没有时间再多关心学生，也无法提升教学质量啊！

今年，我已五十岁。人到了中年，总觉得可以对我说真话、可以骂我的人愈来愈少了！

的确，别人没有责任和义务来告诉我们真话，因为这些真话并不是恭维，或许我们不喜欢听，也可能会刺到我们的痛处；但是，愿意指责我们、告诉我们缺点的人，每一句批评和指责，都是一份关心啊！不是吗？

因为，他原本不必要当“坏人”来说不好听的话啊！可是，正因为他爱护我们、关心我们，生怕我们在人生道路上跌跤、摔得头破血流，怕我们一不小心就吃苦受罪，所以，他才扮黑脸，对我们说了不中听的话。

我们应该想：有人骂我，是何等荣幸啊！要不然，我们可能会跌得更严重！

假如父母责骂我们，不就是因为疼爱我们，盼望我们在人生道路上前进时，不至于摔得鼻青脸肿？假如主管指出我们的缺点、说出我们的不对，不就是因为他希望我们在工作上能更细心、更努力、能做得更好？所以，会骂人的主管，才是好主管！

懂得将别人的批评、指责，视为是一种礼物的人，才是聪明、积极、成功的人呀！

古人说：**“天下之患，莫大于举朝无公论。”**

是的，如果一国之君只想听好话、恶谏言，“举朝无公论”的话，则国家危矣！相同地，一个人若只想听奉承、恭维的美言，而不懂感谢别人对我们的忠告、指责、批评，则很容易使自己得意忘形，看不到自己的过失与盲点啊！

激励小站

是的，只说好听的话，谁都会讲；可是，要说难听的话，可就得需要勇气啊！毕竟，大部分的人都不喜欢别人“乌鸦嘴”、唱反调、泼冷水呀！

不过，古人说交朋友，还要交畏友、诤友，就是要和刚正不阿、直言不讳、能批评我们、劝诫我们的人做朋友。

因为真正帮助我们成长、进步的，经常是那些对我们善意地持反对意见、扮黑脸、泼冷水的人；正因他们善意提醒，及时拉我们一把，才不会使我们迷迷糊糊地犯错或掉入陷阱啊！

我妈有时会讲我的不是，然后语重心长地说：“别人批评你时，不要急着反驳，要先想想别人说的有没有道理？”

哇，这句话说得真好！

可是，我努力地想了又想，还是觉得她说的我的不是，实在是没什么道理！哈！

有个“丑女”要出嫁啰

激励，不仅是对自己，也要对别人！

在印度的一村落，结婚时，男方聘金的多寡，常取决于女方的美貌程度。例如，男方如果愿意用十头牛当聘礼，表示女方是个漂亮的美女；假如男方只愿以三头牛当聘礼，则表示女方长得蛮抱歉的！

有一户人家的女儿，已到了适婚年龄，可是她长得不太好看，所以一直没有男生愿意追求她。父母虽知道女儿很乖巧，但也为她始终嫁不出去而伤透脑筋。

一天，一个外地的年轻人通过媒人，找到了这女孩家里，告诉她的父母，说愿意用五头牛来迎娶他们家女儿。

天啊，怎么会有这种事？“你真的愿意用五头牛来娶我们家女儿？”哇，真是谢天谢地！喜出望外的老爹老娘，喜极而泣，不断地感谢这年轻人的“见义勇为”；而这个村子里的人都认为，那年轻人真是疯了——笨蛋才会用五头牛去娶那家的女儿。

半年后，父亲十分思念嫁出去的女儿，就到女婿家去探望。未料，一见到女儿，这父亲大吃一惊，怎么女儿变样了？随即，他十分生气地对女婿说："你骗我，我女儿应该值十头牛的，她应该值十头牛的！"

原来，女儿出嫁后，夫婿一直善待她，始终以对待美女、娇妻的方式鼓励她、呵护她、宠爱她。所以，半年来，这原本被人家认为其貌不扬的新娘，慢慢培养出了信心，变得十分大方、自信且漂亮！

激励，不仅是对自己，也要对别人！

有时，我们的一些动作、一句鼓励，往往能给别人最大的祝福！

美国奥运田径金牌得主查理·佩达，曾在一场演讲中对一群高中生说道："只要你认为你能，你就一定能！只要你有坚强的信心，就一定会帮助你实现你美丽的梦想！你敢不敢为自己挑战？"会后，有一个长腿男孩跑过来，羞涩地对佩达说："谢谢你今天的激励，我愿意付出一切代价，像你一样得到奥运金牌！"

这长腿男孩名叫杰西·欧文斯，他以佩达为目标，天天激励自己，不断苦练。他相信，他一定可以挑战自己、超越自己！一九三六年，杰西·欧文斯远征德国柏林，在奥运会中与世界各国顶尖好手竞技，最后抱回四枚田径金牌。

当杰西·欧文斯凯旋荣归克利夫兰市时，全城的市民夹道欢呼，大声为他鼓掌喝彩。这时，有个身材瘦小的男孩，从人群中挤了出来，对着游行车上的欧文斯说：“恭喜你，欧文斯先生！我愿意付出任何代价，像你一样，获得奥运金牌！”

欧文斯伸出双手，抓住这男孩的肩膀与右手，眼睛闪着泪光，激动地对男孩说：“孩子，我在像你这样年纪的时候，也说过你刚才讲的那句话。记住，信心、训练、努力、锲而不舍，你一定可以成为奥运冠军！”

这瘦小的男孩名叫哈里逊，他于一九四八年时，参加英国伦敦奥运会；当他在温布里体育场的起跑线上，摆好姿势时，心中再次想起杰西·欧文斯对他所说的话……枪声响起，他奋不顾身、一马当先往前冲刺！最后，他勇夺奥运百米金牌，平了杰西·欧文斯的世界纪录。

激励小站

的确，一句简单的鼓励，可能激起别人的雄心壮志与奋发向上的动力！

可是，当我们渴望别人给予我们安慰与激励时，别忘记自己也该给予他人言语上的激励！就像几年前，当我想辞去系主任的教职、专事写作时，一位前辈就力排众议、不断地鼓励我说：

“记得，你从头到脚都是宝，你饿不死的，我相信你有无穷的潜力！一首曲子，必须唱出来，才会变成一首歌啊！你想做什么、有什么梦想，就大胆放心去做吧！不要犹豫，现在就开始吧！”

长辈一段激励的话，让我勇敢地走进自己的新天地！

是的，即使是个丑女，有了爱的滋润与激励，她也会变得容光焕发、神采奕奕啊！何况我们又不是“丑女”！

可是，万一我们运气不佳，无法时常获得别人爱的滋润与激励，也不必沮丧；只要我们学会自我激励、培养自信、提升自我价值感，让自己天天展现出喜乐的神采，那么别人也会跑过来称赞我们啊！

别让心中的“钻石田”荒芜

成功，不必“掘金挖银”，却要“手勤脚勤”！

在南非，有一个农夫听别人说，如果能找到钻石矿，就能一夜致富！于是，他决定不再耕作，低价变卖了所有祖先留下的田地，收拾行囊，到处去寻找钻石矿。

这农夫费尽心思地在各地打探可能有钻石的矿区。可是，一年一年过去了，他还是徒劳无功，没有找到可以使他致富的亮晶晶宝石。

后来，他身上的钱花光了，妻儿也离他而去！在失望、痛苦、沮丧中，这农夫跳河自杀了。

这时，原先低价购买农夫田地的工人，偶然发现田地旁的小溪里，有一颗发亮的石头；这工人把那块石头拿到工厂琢磨，后来竟成为一颗价值极高的钻石——原来，他所购买的田地底下，竟蕴藏着丰富的钻石矿！

假如有人说，给你一百万，买你一只手，你愿意吗？

给你三百万，买你一只脚，你愿意吗？

给你五百万，跟你换只眼睛，你愿意吗？

给你一千万，跟你换个心脏，你愿意吗？

不，不要！大部分的人，一定会说“不要”！

因为，每个人的身体都是非凡的，我们都不愿随便变卖！

可是，我们是不是只知道自己的器官、肢体是非凡的，却不知道自己的内在潜能也是非凡的？其实，我们的心田中，也蕴藏着成亩的“钻石矿”啊！只是，我们常不知珍惜，也不知去尝试开采，以致让自己心中的钻石田不断地荒芜啊！

一九九〇年，英国政坛出现了一则令全世界瞩目的新闻——四十七岁的梅杰，当选为英国首相，这是英国有史以来最年轻的首相。当时，几乎所有媒体都在报道这令人惊讶的消息。

为什么惊讶呢？因为梅杰出身寒微，没有显赫的身世背景，教育程度只有高中肄业，父亲是马戏团团员，也担任过小角色的演员。而梅杰自己在十六岁时，因家中贫穷，没钱念书，就辍学做工。他做过建筑工人和店员，后来，失业八个月，而接受社会福利救济。

在十八岁时，梅杰进入一家银行工作，他积极、主动、进取的精神，才使他开始有较顺遂的职场生涯。

古语说：**“将相本无种，男儿当自强。”**

是的，英雄何惧出身低呢？梅杰，就是有着与咱们中国古训相同的概念，再加上他言语温和、思维敏捷，又能虚心求教，且具有政治智慧和判断力，所以不仅前首相撒切尔夫人说他是个难得的人才，连政党上的对手也说他是个好人！

就这样，梅杰从高中没毕业的小子，成为了一位耀眼的首相！

说实在的，原本梅杰心中的“钻石田”，也是荒芜不堪、平淡无比的，但是，他锲而不舍、永不放弃！尽管没学历、没背景、没恒产，但他仍不断地为自己挖掘心中的宝藏，因为——**潜力是靠自己挖掘出来的啊**！

激励小站

中国古代有句俗话说：“宁与他人赛种田，不和他人比过年。”

是的，比过年时谁的新衣、新帽漂亮？谁的红包多？谁家鸡鸭鱼肉多？这实在没有多大意义啊！

要比，就比实力、比本事——看谁动作利落、谁种田种得快？

有家世、有背景、有祖产……并没什么了不起！有实力、有本事，能不断努力挖掘自己心中“钻石矿”的人，才能挖到亮晶晶的钻石，也才能从“布衣攀得卿相”啊！

假如，每个人都不愿努力耕耘，只想追求那速成的财富，则是十分危险的。所以，古人说“宁走十步远，不走一步险”；人必须脚踏实地，不能心存侥幸啊！

事实上，人要获得成功，不必入山掘金挖银，而是要懂得每天手勤脚勤！

不怕千日密，只怕一事疏

出发前，必须做好装备检查！

有个房屋销售员，非常努力地促销手上代售的二手房。皇天不负苦心人，终于有对吴姓夫妻看上其中一户住宅，不管是地点、采光、楼层，还是隔间，都十分满意。经过讨价还价，吴姓夫妇与这销售员谈妥，并约定某天在这间屋子里签订购屋合约。

签约当天，吴姓夫妇依约前来，销售员也满心欢喜地拿出合约。因为签了合约、把房子卖了，他的业绩就是第一名，就可以升任店长。

正当销售员要计算正确的使用面积时，发现竟忘了带计算器；总面积包含室内面积、公共面积、车位面积……十分复杂，非得用计算器不可。这时，销售员一脸尴尬，不过吴先生客气地说："没关系，你骑摩托车回办公室拿好了，我们在这里等你！"

"噢，好，那就麻烦你们等我一下，我马上回来，对不起！"销售员立刻骑摩托车赶回店里，找到计算器，顺便兴奋地打个电话给太太："老婆啊，你晚上不用煮饭啦，晚餐我们到餐厅庆祝一下，房子卖掉啦！”

当这销售员骑着摩托车回来时，客户对他说：“对不起，我们决定不买了！”

“为什么呢？发生了什么事？”销售员一脸紧张地问。

“没什么啦，只是刚才我太太上厕所时，发现浴室的天花板有漏水的痕迹，而且漏得蛮厉害的，你们只是重新油漆过，才看不太出来……对不起，我们不想买了！”

销售员一听，当场傻眼，没错，原屋主就是因为浴室漏水，又很难修理好，才想把房子卖掉，可是……我怎么这么倒霉？前后只差不到八分钟啊！——要是我先前记得带计算器就好了！

有一位人寿保险公司的业务员，费了好多口舌，才说服一客户投保一千万的人寿保险。这业务员为客户填好保单之后，心里很高兴，因为他的努力终于有了报偿，又有业绩入账了！正当这业务员要盖章时，找一找公文包……咦？我的印泥呢？没有！再摸摸口袋，也没有！印泥到底跑哪里去了？

没有印泥，就不能盖章。客户家中也没有，怎么办？

业务员不好意思地对客户说：“柯先生，对不起，可不可以麻烦您跟隔壁邻居借一下印泥？”

柯先生点点头，就到隔壁借。可是，当他回来时，并没有带回印泥，而是改口说：“抱歉，我想我们改天再签好了，我还要再考虑考虑！”

“为什么呢？我们不是都已经讲好了吗？”业务员紧张地追问。

原来，柯先生到隔壁家借印泥时，告诉邻居借印泥是买保险盖章用，但是邻居说：“这家保险公司的条件并不合理，也没有储蓄功能，你要多考虑哦……”柯先生一听，原本决定买保险的心开始动摇，后来也就没买了。

一个计算器、一盒印泥，似乎都只是一件小事，但是，我们却往往因为疏忽这些小事，而使我们原本辛苦构建的美丽憧憬最终幻灭，使满心的期待与希望顿时泡汤，多么可惜啊！

努力白费、功亏一篑、煮熟的鸭子飞了……我们经常在傻了眼、捶胸顿足时，才学到教训——出发前，必须做好装备检查！出征前，必须做好万全准备！

激励小站

一台大机器，少了一颗螺丝钉，可能就无法运转，甚至发生爆炸；一步棋下错了，亦可能造成全盘皆输！

忘了一件小事，或许是无心之过，但也可能影响一辈子。例如，考试时忘了带准考证，无法考试。怨谁？岂不知“不怕千日密，只怕一事疏”？

所以，一日之计在“昨夜”，一个人必须懂得在睡前准备好明天该带的东西！

因为，我们的机会，往往只有一次；幸运之神，并不会主动且再三地前来敲我们的门啊！

莎士比亚说：“凡事三思而行，跑得太快是会滑倒的。”

的确，让我们学习——上场前，赶快做好“沙盘推演”的万全准备，千万不要因粗心大意，致使先前的努力前功尽弃。

记得，“得意时勿太快意”，能够忙中不错才是真本领！

第六章

逆境，是最伟大的老师

每天都是新的一天，我们不能自怜、抱怨地往后看，而是要自信、定睛地往前看！只要我们全神贯注往前看、向前冲，就可以像小鸟奋力冲破蛋壳、冒出头来一样，迎向一段新的人生！

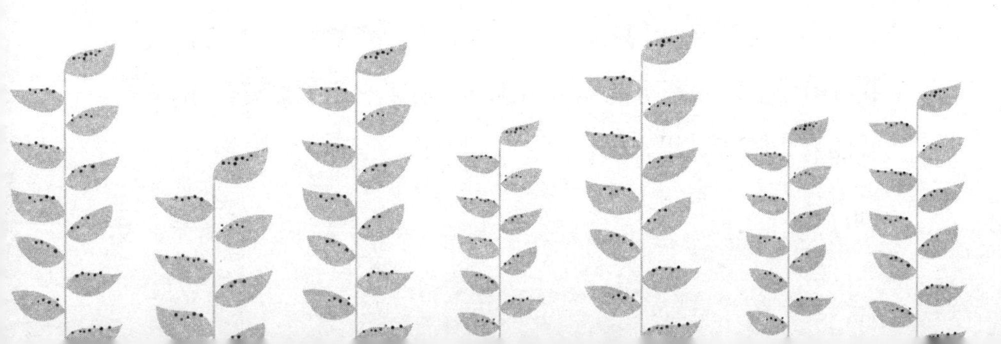

资质不如人，才要更努力

“地贫种松柏，家贫勤读书！”

那一年，五岁的他，顽皮地攀吊在电卷门上玩，一不小心，误触了遥控开关，整只右手因此被夹卷、坏死而截肢。

从此，杨士贤小朋友，只剩下一只左手。然而，“厄运之神”仍不放过他，除了高额的医药费使全家陷入了三餐不继的困境之外，开出租车的父亲，又因帕金森综合征而倒下，在他念初一时过世；而日夜在电子工厂当女工赚钱的母亲，竟也因患大肠癌，于他初二时离世。

他，杨士贤，之后就读桃园武陵高中二年级。

在学校辅导室里，我看着士贤，只剩下左手；然而，“厄运之神”却仍继续开他玩笑，他仅有的左手，竟然不断地萎缩。经医生详细检查之后，发现是先天性的问题，原因不明，无法对症下药，只能每天靠着复健，来防止左手掌萎缩。

不过，士贤的个性蛮开朗的，笑容也很灿烂。他说：“以前妈妈没念什么书，只能在工厂当女工，薪水很少。她告诉我，我没有手，以后不可能靠劳力工作，所以一定要好好念书，最好能靠头脑或嘴巴来工作！”

初二那年一天，他在学校接到妈妈病危通知。他赶到医院时，医生正为妈妈做电击，医生要他们兄弟大喊“妈妈”，盼望能把昏迷中的妈妈叫醒。但是，士贤并没喊，只见妈妈全身放松、安详地离世。

“我想，妈，您就安心走吧，不要再回来受苦了，我一定会带弟弟好好活下去！”士贤回忆妈妈临终的一幕，告诉自己，“我虽然很卑微，像一粒小沙子，但只要我活着，我就有改变的机会；要是死了，就什么都没有了！”

三年来，士贤和弟弟相依为命，孤苦地自立自强，牢记妈妈的叮咛，擦干眼泪，用功读书，更凭自己实力，考上武陵高中。

如今，士贤只剩一只正萎缩的左手，写字速度慢，而且穿外套时，也没办法自己将拉链拉在一起，必须靠别人帮忙，所以他心中难免也会抱怨上帝对他不公。

一次，士贤很泄气地对同学埋怨说“读书很没意义”，因为别人很聪明，不必念什么书，考试分数都那么高，可是自己资质中等，每天苦苦读书老半天，成绩却比别人差。未料，那同学回答他说：“就是我们资质不如人，才要更努力啊！”

士贤一想：“的确，就是我们出身寒微、资质不如人，才要更努力、更打拼啊！”士贤用成熟的口吻告诉我：“我同学的这句话很乐观，对我影响很大，因为资质的高下不重要，重要的是想法和做法！”

一天，教学氛围活泼的语文课上，老师要同学们用一句话来描述自己，杨士贤写道：“我就像一粒葡萄，只有一层薄薄的皮保护着。”

老师看到这句话，惊讶不已，夸赞他能巧妙地表达心中感受。后来，老师还送他一本《小王子》当奖品。士贤说，这是他第一本课外书，也是他最大的鼓励！

后来，部分老师知道士贤孤苦无济却奋发向上的情况后，每月主动捐出五百元，共六千元帮助他；而市公所和善心人士也都捐出救济金，鼓励他继续努力用功！

其实，士贤看起来很帅气，笑起来也很可爱，丝毫没有沮丧和颓废的表情。他说，有一次，有位颜老师带他到台大医院检查身体，结束后，老师要赶到师大进修，那时刚好下着雨，老师问他：“老师只能送你到这里，等一下你自己要撑伞，还是穿雨衣？”

“老师，我可不可以都不要？”士贤说。“为什么？”“因为我不方便撑伞，也不好收伞；而穿雨衣，街上没有一个人穿，看起来会很奇怪！”

“你何必那么在意别人怎么看？”颜老师问，“你要做别人、还是要做自己？”

士贤想了一下，说：“要做自己！”

“对啊，你要做自己！你只有一只手，平常走在街上会不会很奇怪？”老师问。

“不会啊，我又没妨碍到别人！”士贤理直气壮地说。

“所以啊，你要做你自己，何必太在乎别人的看法？”

就这样，士贤大受鼓舞——虽然人生坎坷，厄运也不断催逼、捉弄，但我一定要做自己，做一个“漂亮的自己”！

如今，士贤每天下课后，要坐车到市区做两小时复健，防止左手持续萎缩；回家后，再赶紧用功念书。他最大的梦想是考上师范大学，以后当中学老师！

“因为中学是一个人一生中，超级大的转折点，我想要教那些好玩、不念书的学生，一定要珍惜生命、好好用功念书！而且，我要告诉他们，要珍惜和爸爸妈妈相处的时光。现在，我弟弟晚上在餐厅工作，只有我一个人在家；我好想念爸爸妈妈，心里也好孤独……”士贤抬起头，对我说道，“但是，我知道，自己的未来，掌握在自己手里！环境不能改变，唯一能改变的，是自己付出多少努力！”

激励小站

当我们走出辅导室，我问士贤，家里有没有照片？他说，他没有几张照片，因为爸爸妈妈都走了，自己也没钱买相机，相机很贵！

在走廊上，我帮士贤拍照留念，他说："等一下，我把头发弄整齐一点！"

其实，高中生的发型都很简单，不过，士贤还是一脸帅气地拨弄额前的头发，并调皮地说："乙武洋匡[①]说，残障的人，更要注意自己的外表，不能太邋遢。而且，我也想让照片上的我，好看一点！"

拍照时，我看着士贤灿烂的笑容，心中一阵感动；他虽然没有右手，但他仍然从小就懂得看重自己、肯定自己，并对未来，抱持无限的希望！

《罗兰小语》中说，每个人心中都应有两盏灯光，一盏是"希望的灯光"，另一盏是"勇气的灯光"；有了这两盏灯光，我们就不怕海上的黑暗和风涛的险恶了。

雨果也说："人们夜里走路，眼睛总要盯住灯光。"

---

①日本作家，自幼严重残疾，因著自传《五体不满足》而广为人知。

是的，只要盯住“希望的灯光”，勇敢地向前迈进，成功就会指日可待。

有句话说：“地瘠种松柏，家贫勤读书。”

假如土地很贫瘠，连水稻、地瓜都种不起来，那么就只好种种松柏；家里如果真的很穷，孩子就应该勤奋苦读。因为知识的力量，能改变命运。就像士贤所说：“我没有右手，不能靠劳力赚钱，只能好好念书，将来靠头脑工作！”

只要我们看重自己、肯定自己，并抱持无论如何都一定要成功的信念，必能以我们的知识与智能，改变命运、创造无限的未来！

无期徒刑的囚犯，也有春天

“生气没有用，化为力量吧！”

我，小罗，高一没念完，就跟不爱念书的朋友一起鬼混。退伍后，我和几位兄弟一起犯下绑架案，后来，人放回去了，但我们都被警察逮捕了。

法官宣判无期徒刑？天啊！怎么办，一辈子都要被关在监牢里？我被送到台东岩湾管训了两年。而后，又被移监到台南监狱，继续服那遥遥无期的无期徒刑。

真的，那是一个无限痛苦的延伸！我后悔当初的无知，也怨恨世事的无常；我看不见未来，也梦不到希望！我，像一只笼中鸟，渴望回到那近如咫尺，却远如天涯的家园！就这样，日子在灰暗、绝望中流逝。直到一九九三年，我有幸进入监狱附设的树德补校中学部。

其实，我已经初中毕业，可是，在补校，我连二十六个英文字母怎么拼都不知道。过去真的是太浑了！为了自己将来的一线希望，为了不要被关一辈子，我决定，我一定要放手一搏！搏我的性命、搏我的未来！只要我能考上大学，我就能提前假释出狱！这，真的是我的一线生机啊！

我天天在教室、在牢房中苦读。三年后，我荣获“县长奖”，顺利毕业，直到现在，我还保存着“县长”颁发的奖状呢！

而后，我再读高中。一般人可能无法体会在监牢里读书的滋味。窗子很小，里头很闷热，有时开口与牢友讨论功课，管理员马上过来“打枪”(指责之意)：“你以为这里是菜市场啊？讲话小声一点！”

平常的高中生要买一本参考书，随便到书局买就可以，可是我们是受刑人，怎么可能出去买书？只好叫家人寄书来给我。而我的爸爸，只来看过我一次！他，已被我这不成材的逆子气得不行了，不想见到我了。我姐姐、弟弟来探监时，我常对他们说：“你们可不可以回去告诉爸爸，叫他不要再生我的气了，叫他多来看我嘛！我平时的成绩单，不是都寄回去给他看吗？”

在牢里，晚上十点熄灯，我们四个辅导班的受刑人，则延长至十二点。熄灯后，只剩五瓦的小灯泡。可是，我不想睡，因为我一定要考上大学，我要打起精神、不能贪睡！

后来，我想到一个办法——在五瓦的灯下，我学打坐；昏暗中，我看一眼英文单字，即闭目默念、背诵。有时，隔壁牢友的打鼾声，让我很痛苦，但，它扰乱不了我必胜必成的意志！

左三年、右三年，漫长的日子一天天过去！一天，狱方告诉我，岩湾管训两年的行政处分，可以折抵刑期，而我到去年就已坐牢满十年，可以报考大学！天哪，居然比我预期的日子提前了两年！我既兴奋又害怕，因为只要我考上大学，就可以提前假释出狱；可是，万一落榜，又必须被关在牢里。

联考前一晚，我彻夜难眠，因为再过几个小时，就要决定我未来的命运。

好不容易熬到天亮，我脱下囚服，穿上那十年未曾穿过的“社会服”，等待监所人员为我开启牢房之锁，带我离开监狱，进入考场。

我的心怦怦跳，我已经有十年“没见过世面”了！牢狱十年，我根本不知道外面的世界变成什么模样？这是我第一次，没上手铐、脚镣，走出监狱，呼吸自由的空气。

登上监狱的车子，直驶长荣中学考场。我像个好奇又怯生的小孩，不断地往车窗外瞧！噢，那边在卖槟榔耶！咦？那小姐穿那么少、那么性感，是不是人家所说的“槟榔西施”？（哇，糟糕了，看到性感小姐，我昨夜背的英文作文似乎全忘光了！）

十年没坐车子了，半小时的车程，我竟然晕车，大概是太紧张了！一进考场，妈呀，人山人海，大家挤在一起密密麻麻，而且，家长比考生还多！管他的，“过河卒子，只能向前”；管它沧海桑田，养兵千日，只用在这一刻，我，不能分心，一定要专心应考！

两天的考试终于结束了，我带着从来没吃过的比萨，怀着轻松的心情，快乐地回到台南监狱！我快乐，是因为我知道，漫长的等待、蹲苦牢的日子，即将结束；我努力苦读，永不放弃的努力，一定会有报偿！

七月二十日傍晚，监狱人员交给我成绩单——那一刹那，我兴奋地跳起来！哇，我的成绩，可以考上师大或台大！我的眼里泛着泪光，仿佛看到父母亲多年来，天天为我流的泪，都化为甘露！这时，我才体会到——原来辛勤地付出，竟可获得如此的甘美！

本来，我的第一志愿是师大，希望将来为人师表，教导学生，但后来狱方告诉我，当我被判无期徒刑时，已被“剥夺政治权利”，所以不能当老师。沮丧之余，我只好选择台大中文系；而这三百九十六点九九分的成绩，狱方告诉我说——是近年来，各监所报考大学的受刑人中，最好的成绩！

这，是小罗在监狱中发愤图强、努力重生的故事。

小罗现在是“台大人”，穿梭在台大校园之中！我问他：“你本来在监狱，英文字母都不会背，最后英文考几分？”

“五十五分。高标准是五十一分。我每一科都超过高标准！”小罗说。

我一听，十分遗憾，因我以前两次联考落榜，没有一科达到“低标”！我又问他：“你爸妈看你考上台大，是不是很高兴？”

小罗低着头，缓缓说道：“我出狱回家后，才知道我爸爸几年前已经过世了！我被判无期徒刑，把他气坏、气死了！但我的家人怕我难过，一直瞒着我，不让我知道……这也是我做儿子的一辈子无法弥补的愧疚与伤痛！”

激励小站

十年，对人生而言，是段不短的岁月！而十年铁窗的滋味，更是极为严酷的教训与代价。然而，痛过，才会成长，也才知道自己年少时的轻狂、无知与荒唐。

生命，极为宝贵，实在不容许我们任意自我破坏啊！

我们都一定看过盖大楼，从挖土、打地基、绑钢筋、灌水泥、砌墙脚、装设水电……真是一件很不容易的浩大工程。可是拆大楼就简单多了，用千斤锤撞击，甚至用炸药引爆，整栋大楼几秒钟就轰然倒塌了！

因此，凡事都是一样的道理——“建造”一定比“拆毁”困难得多！

可是，人的不幸，往往也是因为“随便拆毁”、“疏于建造”，不是吗？

就像本文中过去的小罗一样，不念书、天天鬼混、绑架——这，不就是随便“拆毁”、自我破坏生命吗？幸好，十年的铁窗生涯，让他反省悔悟，也使他知道“生气没有用，要把它化为力量”！唯有勇敢地将悲愤化为力量，才能慢慢地建造一栋新的自我生命“大楼”！

假如旧我是垃圾，我们就应该用扫帚，把它清扫干净！

“旧了，就应该扔掉；坏了，就应该拆毁！”

我们的生命不能让它旧、让它坏；只有扔掉或拆毁“旧我”，才能建造“新我”啊！

因此，挫折时，生气、愤怒都没有用，只有改变自己、努力建造新我，才能搭盖出壮观宏伟的自我生命“大楼”！

他以一只脚，胜过别人两只脚

要像小鸟，奋力冲破壳，冒出头！

近几年的中秋节，闻名中外的日月潭，都会举办“成人横渡日月潭”的游泳比赛，全程大约三千米。我们可以想象：万人一起游在日月潭中，勇敢游向对岸，万头攒动，把湖面装点得五彩缤纷、热闹非凡的景象。

而有一年的这项比赛，第一个奋力游抵终点的，是一名右腿被截肢的残障朋友——杨忠贯。一般正常选手横渡日月潭的时间，大约是七十分钟，但单脚挑战日月潭的杨忠贯，却以不到五十分钟的时间，即领先群雄，急喘着气，独脚一蹬一蹬地跳上岸，接受围观民众的热烈喝彩！

杨忠贯，生长在金门金沙镇。中学毕业后，他就和村子里的五个同伴一起到中坜的“第一士官学校”宪兵科报到，希望将来成为一个威风凛凛的宪兵。

两年毕业后，杨忠贯被分派到部队服务。一次，他和战友外出到餐厅吃饭，隔桌坐着的一些人看上去像是黑道上的，当时这些人与一名士官互相看不顺眼。没想到这些人离开之后，竟召来了一些人马，埋伏在餐厅外，等他们一走出餐厅，就不分青红皂白地持刀砍了过来。

当时杨忠贯被砍得血流如注，被紧急送往医院，后来因再转院而延误疗程。第八天时，他严重受伤的右下肢血液循环功能坏死，必须截肢，否则将导致败血症。

从金门远道赶来的老父，面对着一纸截断儿子右下肢的手术同意书，老泪纵横、双手颤抖——“我怎么忍心签下同意书，让医生把我儿子的右腿截断？他是我的亲生骨肉啊！医生啊，拜托你，再怎么样，求求你，一定要把我儿子的腿医好！”

心痛如刀割的父亲，始终不愿签下手术同意书。但，杨忠贯，忍住心中的痛，自己签了字。

在接受军医院老式的全身麻醉截肢手术时，杨忠贯似乎听到锯子锯断腿骨的声音，他，必须面对成为中度残障的残酷事实。

从东势疗养院出院、退役后，杨忠贯选择到台北发展。但他的心情沮丧到极点，因为穿着义肢、拄着拐杖一跛一跛走路，没几分钟就会磨破皮而流血。他心生挫折、愤怒，把自己关在屋里，在夜里暗自流泪、哭泣！

“我有好长一段时间没有回金门，因为，我不能没有一点点成就，空着手回家乡啊！”杨忠贯对我诉说当时的心情，“我以前在学校是手球、篮球校队队员，现在腿被截肢，没工作，一无所有，我怎么有脸回金门老家去？”

在台北，杨忠贯寄居在士官学校教练林献卿的家。林教练特别把杨忠贯在学校通过跆拳道黑带二段的证书裱好，挂在他房间，来激励他！可是，杨忠贯看了，心里更是难过，竟砸碎相框、撕毁证书，因为——“腿都被锯掉了，挂着跆拳道二段的证书有啥用？”

一天，一同乡老友告诉他：“你已经不能回到过去，你要为未来的生活目标设想，有办法的话，你要靠自己站起来！”后来，杨忠贯想想，也对，自己再这样自暴自弃下去，真不是办法，所以就与另一位金门同乡一起租了房子，开始新的生活。

从此，杨忠贯开始穿着义肢走路、跑步、打篮球、骑脚踏车，也到朋友父亲经营的汽车公司工作，勤快地当起业务员。他一步步地跨出去，也跨出长久以来，绑住他的桎梏与锁链。

几年后，杨忠贯获得一家通运公司老板的赏识，半卖半送地邀他入股创业，开汽车公司。如今，杨忠贯已是益泰通运公司的负责人。

在三十出头时，杨忠贯因朋友邀他去游泳，才开始学习游泳。可是，这需要很大勇气，因为他脱掉义肢，右腿只有半截，常引来旁人异样的眼光。不过，杨忠贯克服了心理障碍，结识了更多游泳好手和残障朋友。他每天清晨或下午，都到游泳池报到，一卸下义肢，往池旁一放，即洒脱地跃入水中，开始自由式、蛙式、蝶式练习，至少游个三千米。

在一九九四年，杨忠贯三十四岁时，当选世界残疾人游泳锦标赛的选手；而后几年，又当选亚特兰大残奥会、曼谷亚运会残疾人游泳比赛的选手。在教练的指导下，杨忠贯以愈来愈精湛的泳技，迈向更广阔的舞台。

杨忠贯还和三十位游泳同伴，成立“台北市身心残障游泳委员会”，帮助更多行动不便的朋友，勇敢参加游泳健身的活动。

我曾到日月潭活动中心演讲，刚好亲眼目睹万人横渡日月潭的盛况。当时我不认识杨忠贯，但在事后的访谈中，看着他露出的自信微笑，使我想到那幅画面——在万人奋勇地向日月潭对岸靠进时，万顶泳帽在潭中飘浮，而杨忠贯一马当先，以一只脚，胜过其他正常人的两只脚，勇夺冠军奖杯、接受欢呼！

他的坚持与毅力，使他克服了肢体的残障，也为其一生留下了最美好的见证。

激励小站

有句客家谚语说：“人怕笑、字怕吊。”

“人怕笑”，这我们可以理解，因为没实力，一上台就会出丑，就怕被人嘲笑！

那为什么“字怕吊”呢？因为，写毛笔字的时候，自己低着头一直写，总觉得自己写得还不错，可是一把字“吊”(贴)起来看，就知道写得好不好了——好坏立刻见分晓！

其实，我觉得，“人怕笑、也怕吊”，因为人万一被吊的话，脖子很痛，好恐怖哦，不是吗？再者，如果把我们的努力和成绩“吊”起来看的话，我们给人感觉是苍劲有力、可圈可点，还是歪七扭八、丢人现眼？

杨忠贯，虽遭到飞来横祸，右腿被截，但他学会忘却悲凄、“奋泳”向前；当他勇夺冠军奖杯、站在台上接受喝彩与欢呼时，一定感受到《小丑》歌词中的辛酸——

“是多少磨炼，和多少眼泪，才能够站在这里；失败的痛苦、成功的鼓励，有谁知道，这是多少岁月的累积。”

如今，杨忠贯“不怕被笑，也不怕被吊”，因为，他挥别过去的自暴自弃，而成为残奥会的选手。若把他的成绩“吊”起来看的话，绝不会丢人现眼，反而是可敬可佩啊！

因此，每天都是新的一天，我们不能自怜、抱怨地往后看，而是要自信、定睛地往前看！只要我们全神贯注往前看、向前冲，就可以像小鸟奋力冲破蛋壳、冒出头来一样，迎向一段新的人生！

他，勇敢走过“帕金森幽谷”

“逆境，是个伟大的老师！”

他，李良修，中山大学化学系教授，美国克雷姆森大学博士，专长为无机化学。李教授热爱音乐，从小虽不强壮，但嗓音很洪亮，讲课时以大嗓门出名；在教会唱诗班，也是出色的男高音。他还很喜欢网球、棒球、保龄球、游泳等运动。在美国念书时，甚至会在冬天去高山滑雪，从白雪皑皑的山顶，俯冲而下，多帅多酷啊！

一九八九年校运会时，李良修参加四百米赛跑，赛后同事问他：“李老师，你跑步时，脚为什么没有抬高？”平常走路时，李良修的右脚也很少抬高，有人问他：“你是不是脚痛？”

妻子看到这种情况，就不断提醒他“不要养成坏习惯”！可是，有几次李良修握着的水杯，竟突然掉在地上摔得粉碎；妻子还发现他的肩膀渐渐向左倾斜。走路时，右手也几乎不会摆动了！

李良修心里很纳闷：“为什么我自然地走路，脚会抬不起来，像是跛脚的样子？右手怎么也不会摆动了？”

后来，李教授在高雄医学院附属医院，被医生宣判：“你得了帕金森综合征！”这是现代医学还没有办法治愈的脑神经退化恶疾，患者的症状是，肌肉变僵硬、表情变呆滞，手会不断地抖动；走路时，步伐变缓慢，逐渐变成碎步，容易跌倒；而在写字时，字也会愈写愈小、愈潦草……这是英国医生詹姆士·帕金森在一八一七年首次发现的疾病。

那天，李良修走到妻子工作的地方找她，告诉她："我得了帕金森综合征，将来有可能不能动弹、不能表达，甚至会像白痴一样，手不断地抖动、嘴巴不停地流口水……"当时，妻子镇静且坚定地安慰他："没关系，我一定会帮你擦口水！"

可是，后来李师母参加教会的祷告会时，哭倒在上帝面前："主啊，我好害怕，我好担心，我将来怎么办？前面的路那么长，我怎么帮助良修继续向前走？"

尽管李师母心中茫然、彷徨，但她想到，当年他们俩在上帝及亲友面前立下的誓约——"不论他健康与否，我都要一辈子爱他、保护他……"如今，就是能否守住这誓约的关键时刻了！李师母相信："如果今天换成是我得了帕金森综合征，良修也一定会守住婚姻盟约，会照顾我一辈子！"

从发病到现在，李良修已经度过了十年，病情也逐渐恶化，尤其是前几年，连续得了三次感冒，夜夜难眠。药效消退时，他全身僵硬，竟然无法从卧室走到浴室；左手要反掌，也变得十分困难！可是，李良修心中一直惦记着自己的心愿——我要写一本书，要担任帕金森综合征的“业余导游”，把我多年来收集有关帕金森综合征的数据，系统地整理出版成书，让患者、家属在对抗此病症时，不致无所适从。

事实上，一般人可能都不了解帕金森综合征患者的痛苦。平日我们睡觉时，随便翻个身是很自然的事，不会醒过来，但李师母告诉我：“良修睡到半夜，药效停了，身体会变得很僵硬。他翻一个身，一定要醒过来，而且要起个身、坐起来，再重新换个姿势、躺下去；等躺好了，可能又睡不着了。他一个晚上会醒来好几次！”

现在，医生给李教授吃长效型的药，帮助他有较好的睡眠。可是，长期吃药，药量愈来愈重，药效也愈来愈差。

平常，我们得了感冒、牙痛或胃痛，我们可以预期，病情会慢慢好转并痊愈；但得了帕金森综合征，却连医生都束手无策，痊愈两个字，对病患来说，是遥遥无期的字眼。

尽管李良修怪病缠身、饱受折磨，但他仍然活得喜乐而充实。虽然他看书很困难，手不断颤抖，字也不易看清，须用放大镜看，但他仍克服万难，坚毅地坐在电脑前，花了将近一年的时间，终于完成了不可能的任务——出版了《走过帕金森幽谷》一书。

“写完这本书，我几乎用掉一半的生命，因在压力下，我的脑力和体力都比以前恶化了！”李教授坐在客厅沙发上，吃力地对我说，“可是，人不能惧怕，必须勇敢面对挫折！我们不能想，自己是世界上最不幸的人，因为一定还有人比你更不幸！……所以，相比之下，我还是很幸福的，因为我有最好的工作，也有耐心且爱我的太太、子女、邻居和兄弟姐妹……”

近五年来，李良修每天只吃一餐（早、中餐一起吃），晚上为了使药效更好，他只吃药、不吃饭，所以都空腹睡觉，他常梦见自助大餐，而垂涎三尺。

然而，李良修并不灰心、丧志，也不以此为苦，他拿出《圣经》，翻开、念道：

“所以，我们不丧胆。外体虽然毁坏，内心却一天新似一天。我们这至暂至轻的苦楚，要为我们成就极重无比、永远的荣耀。”

虽然李良修病痛不已，甚至对我说：“我现在坐着跟你说话，对我来说，没有一个姿势是舒服的，也没有一块肌肉可以完全放松，全身都不舒服！”尽管如此，李良修仍有未来的计划——再写一本有关“科学基本态度”的书，给青少年看！

在结束访谈、离开学校宿舍时，我脑海中浮现李教授的话：“帕金森综合征可以夺去我的身体、使我不能动弹，但我的灵魂却依然高唱生命的爱和美！”

李师母也说：“任何事情，只要尽责去做，会做得很好；但如果用爱去做，则会做得很美！”

激励小站

写完这篇采访稿后不久,看到报上刊载——李良修教授所著《走过帕金森幽谷》一书,获得金石堂“一九九九年十大最具影响力书籍”的荣誉。

看到此新闻,真为李教授感到高兴,同时,我心中想起一句话——“赢家,永远都有一个计划;输家,永远都有一个借口。”

可不是吗?只有心中不断想着计划,并且说到做到,立刻身体力行,才会是成功的赢家。就像李良修一样,虽然他身体病痛、极为痛苦,但他仍不忘心中的计划,坚持忍痛完成著作,嘉惠他人,也赢得荣耀!

相反,如果凡事借口推托,“不急啦,慢慢来”、“等明天再说”,则永远都是输家呀!

有一超市的男职员,名叫阿鸿,不论什么季节都穿着短衫、短裤,戴一顶便帽。虽然他是重度智障儿,可是不论搬运货品还是拖地,工作起来都很勤奋,大家都很喜欢他。

一次,有个客户和店长谈到勤快的阿鸿,只听店长感慨地说:“唉,人世间的事都很难预料。阿鸿小学时,还是资优班、音乐班的高材生呢！十一岁时，生了一场大病，发高烧不退，才变成智障儿！”

人生，会有许多逆境与困顿，但是，别怕，不幸的人总比幸运的人更经得起磨难与挑战！

西方人说：“没有风暴，船帆只不过是一块破布！”

逆境，是个伟大的老师，它教导我们如何面对往后的试炼！

培根也说：“一切幸运都并非没有烦恼；一切厄运也绝非都没有希望！”

的确，幸运时也会有烦恼，我们不必羡慕；厄运中也一定还有希望，我们不必绝望！只要以快乐的心面对病魔、迎接挑战，阴霾的生命必能拨云见日、柳暗花明！

台湾阿甘——跑在看不见的路上

对昨日感到快乐，对明天深具信心！

他，张文彦，今年三十五岁，因患视网膜色素变性，一出生即弱视和夜盲——右眼全盲，左眼只有0.03的视力。然而，他个性活泼，喜欢到处跑，尽管眼睛看不清楚，小时候却常溜出门，玩到天黑才摸黑回家。

小学二年级时，张文彦很顽皮，爬到邻居家的树上、屋顶上玩耍，又蹦又跳；但他因看不清楚，一不小心，整个人掉进没加盖的猪圈粪坑里，只剩下头露在外面！他一闻，味道不对，又好像有蛆虫在身上蠕动，赶紧奋力爬起，跑过马路回家，身上还不时滴下粪水。在家门口，父亲见状，喝令他不准进门，端出一桶桶的水，叫他自己冲洗干净。

中学毕业后，张文彦进入盲人重建院接受训练，当时他还有一点视力，不断充实自己，所以考上了台北启明学校高中部。

“有一次，我参加启聪、启明学校的联合长跑活动，大约要跑十千米，我们从至善中学开始跑、跑山路……”在餐厅里，张文彦对我说，“我是弱视，看不见，只在隐约间跟着前面两个穿白色衣服的启聪学生跑，可是后来他们愈跑愈快，人不见了，只剩下我自己跑！……后来，我跑错了，跑进岔路，脚一踩空，竟掉下悬崖斜坡！我赶紧抓住草丛和树枝，心里想，完蛋了、快死了！可是怎么没人来救我？我不能死啊！……最后我吸一大口气，拼命地爬上路面，一个人小心翼翼、拖着九死一生的小命，跑回终点。我们校长在终点拍手欢迎我，但我没告诉他我掉下悬崖的事，怕学校以后不再办长跑了！”

高三时，张文彦一心一意想考大学，当时舍监为了学生健康着想，九点半就熄灯，但张文彦把浴室当书房，把洗衣机当书桌，自己拿着一百瓦的灯，照着书本，希望能多读点书。

一天，他一个人在浴室里念了整夜的书，直到天蒙蒙亮，才疲倦地回到寝室。因为太累了，在黑暗中，他的左眼不小心撞到突出的椅背，痛得他大哭大叫！当老师送他到长庚医院检查时，医生告诉老师说：“这个人，以后看不见了！”

从此以后，张文彦就变成全盲，眼前一片漆黑、暗淡。他愤怒地用头撞墙：“老天，你为什么这么不公平？我只剩下0.03的视力，为什么还要剥夺它？我的哥哥、姐姐们都是正常人（后来也都拿到硕士、博士），为什么只有我是瞎子？”

成为盲人以后，张文彦痛苦万分，因为有时会听到哥哥骂他：“你不要老待在家里当废人好不好？你要出去找事情做啊！”

“我……我不是不愿意，我只是暂时没办法！”文彦听了十分气愤，却忍着泪水说，“我以后会自己出去找工作！”

后来，中学同学带他去教会，他的心里逐渐平衡，接受了全盲的残酷事实！

“靠着神的恩典，我学习到凡事都喜乐，以前我是凡事都痛苦！”张文彦一边吃饭，一边告诉我他心情的转变。

“你喜欢《圣经》上的哪些话？”我问。

“像‘喜乐的心乃是良药，忧伤的灵使骨枯干’、‘主是我脚前的灯、路上的光，他指引我脚前的路，行走不跌倒、奔跑不疲倦。’”文彦不假思索地回答。

受洗成为基督徒后的张文彦，对自己更加有信心，他主动报名学习技艺，如按摩、推拿、针灸，还参加了物理治疗研习班、音响技师研习班、耕莘青年写作班、政大公共关系研习班……让他的生命鲜活亮丽起来！

最值得一提的是，由于热爱跑步的张文彦每天清晨都勤练跑步，因此结识了多位医师和教练。

最近四年，张文彦都参加“台北新光摩天大楼登高比赛”——每位选手都要爬上四十六层楼。当张文彦第一次到达比赛地点时，遭到相关人员拒绝。因为，若有看不见的盲人夹杂其中，会增添许多麻烦。可是后来吴东进董事长知悉此事后，深受感动，因张文彦是第一个敢来挑战的盲人，所以就准许他参赛；而当张文彦以九分五十二秒抵达终点时，吴董事长特别颁给他和教练各一千元美金，作为奖励！

跑、跑、跑，张文彦在吴兴传教练的指导下，天天苦练。他们俩将手用布条绑在一起，培养默契，也训练体力和耐力。后来，张文彦多次拿到全台湾盲人马拉松比赛冠军，并代表中国台湾到美国纽约参加世界杯盲人马拉松比赛。

凭着信心与毅力，张文彦不再悲伤、抱怨、绝望；他反而勇气十足地跑在看不见的路上！外表憨厚的他，被朋友们称为“台湾阿甘”，因为他有阿甘那样不畏艰难、奋勇向前的精神，而且，他说：“我热爱跑步，我甘之如饴！”

一九九三年，张文彦被选为“台湾省十大杰出青年”，因他不断推广全民运动，并到各级学校演讲，呼吁学生要爱惜视力、懂得健身，并关心残障朋友。

如今，张文彦已经参加过十五次四十二千米马拉松比赛，他立志要跑一百次马拉松。一九九九年，张文彦还和日本、韩国的十多位盲友，克服万难、挑战自我，勇敢登上玉山顶峰。

二〇〇〇年二月中旬，张文彦挑战极限、圆梦二〇〇〇——以一个月的时间，跑步环台湾岛一周，全长一千一百千米。而这只是他的“热身”，因为他在美国接受电视记者采访时，曾立下誓言——他要为全世界公益而跑！

“我不再悲叹，我因着神的恩典，甘之如饴、凡事喜乐！”文彦微笑着对我说，将他盘中的饭菜，吃得不剩。

他，虽然双眼全盲，却仍然渴望展翅飞翔、挑战巅峰！

激励小站

有一个家住板桥的姓曾的工专学生，骑机车未戴安全帽，被警察拦下时，不服警察的处罚，甚至用粗话辱骂警察，还扯破警察的衣服。当他被带回警察局时，仍不断对警察破口大骂，态度极为恶劣。

这学生的母亲得到消息后，立刻赶到警察局。在了解事件经过之后，母亲狠狠地赏给儿子五六个巴掌，并交代警察按规定处罚儿子！此时，这名学生才哭着俯首认错，请求原谅！

很多年轻人，身体强健、四肢健全，但却不知自己在做什么。

记得以前我有个老师说，他的座右铭是——“我正在做什么？”

的确，人必须知道自己的方向，知道自己在做什么？知道自己存在的力量是什么？史怀哲医师，他存在的力量，是医治非洲的病人；特蕾莎修女，她存在的力量，是照顾贫苦无依的印度穷人；而张文彦，他虽然双眼全盲，但，他仍有存在的力量——“为全世界公益而跑”、“到各校演讲，呼吁学生爱惜视力、懂得健身、关心残疾人”……

我们都要像张文彦一样，找到自己存在的力量，并依自己的能力，做最感兴趣的事，不断地追寻理想、认真地生活！

光阴，不断地流逝，我们明眼人必须更懂得感恩和珍惜生命！如果我们一生毫无成就、虚度光阴，就像挥霍黄金却未买一物一样可惜！所以，让我们告诉自己：

我要，对昨日感到快乐，对明天充满信心！

我要，活出自我——一个有意义又快乐的自我！

喂，你的机车里有一条蛇

赶快清除心灵花园的“杂草”！

前不久，有新闻说，有一位送货员，下午三点送了一箱鸡蛋到新庄市的一家便利商店。店员在整理鸡蛋时，忽然发现箱子里面窝着一条小蛇。店员吓了一跳，赶紧把一盒盒的鸡蛋取出，而蛇也受到惊吓，迅速窜逃。后来有人说，亲眼看见那条小蛇躲进了骑楼下的一辆机车缝隙之中。

消防队接报后，立即赶往现场处理，许多市民也热心地帮忙找蛇，用竹竿敲打，又喷洒杀虫剂，甚至将整辆机车翻倒过来查看……结果，折腾了半天，蛇还是不出来。

最后，消防队员只好写张纸条，贴在机车上，警告“小心有蛇”，以防车主不慎被蛇咬伤，同时也请市民协助看守。

晚上七点，天色已经暗了，警方实在无计可施，决定把机车拆开，绝不允许小蛇躲在车缝里。正在这时，刚好车主出现，警方在征得他的同意后，把整辆机车都拆解开，又用杀虫剂再喷洒一遍。可是，仍然不见蛇的踪影，白忙一场！

车主傻愣一旁——本来好好的，怎么一回来，机车就被拆解成废铁，也没看到什么蛇的影子？

这新闻，我一边看一边笑，大伙儿忙了老半天，可是那条蛇却不知跑哪里去了？可是，我心想，如果我是那车主，可能也会和他一样，答应让警方拆解机车。为什么？因为机车内有一条蛇，天哪，那是多么可怕的一件事？当骑上机车时，心里岂不是毛毛的，还会一直提心吊胆，生怕屁股突然被蛇咬一口！我们怎能容许车内可能有一条蛇这样的危机存在？非得把它揪出来不可！

是的，我们绝不会让一条蛇窝藏在自己的机车里；可是，有时我们却允许一些“无形的蛇”窝藏在我们心里！怎么说呢？

仔细想想，懈怠、贪玩、不积极、不主动、没精神、没目标……岂不都是“无形的蛇”，窝藏在我们心中？长久以来，这些无形的“小蛇”，一条条地钻入我们内心、睡在我们心田，可是我们似乎浑然不知！

捷运新店线通车的时候，电视记者访问了许多上班族和学生。受访的甲小姐说：“以前搭公交车要一小时，现在搭捷运只要十五分钟，很高兴以后可以多睡半小时！”乙先生说：“捷运便宜又省时，以后不用赶着上班，可以多睡四十分钟了！”丙同学也兴奋地说：“太棒了，可以多睡个半小时耶！……”

看了电视新闻，我不禁笑了起来，因为每个受访者都说同样的话——“可以多睡半小时、四十分钟……”却没有一人说：“太好了，我可以早点起来念书、做运动，做些有意义的事！”

我们是不是常让自己昏睡不醒？我们是不是心中有条“无形的蛇”，而让自己懒散惯了，却仍不自知？

最近，我收到一读者来信，上面除了署名之外，还写道：“戴博士，我是个无业游民，每天无所事事，少壮不努力，老大真的徒伤悲！人到中年百事哀！那天，我走过何嘉仁书局，看到你写的《激励高手》，很漂亮、很好看，我用我身上所有的钱，买了你的书。我以前是个洗碗工，不知道我是不是能跟戴博士面谈？请在×月×日前回信给我，因为，我租住的房到期了，超过日期，我要开始流浪了……”

当出版社转来这读者来信时，已超过该日期了。而仔细看他的出生日期，是一九四〇年，今年应该快七十岁。我心头一阵感伤，不知道他现在人在何方？但我仍想告诉他，也告诉你我——我们都不能再昏睡不醒了，我们一定要抓出心中那懒散、懈怠、不进取的“无形的蛇”！假如，有一天我们亲口说出“少壮不努力，老大徒伤悲”，那真的是很可悲呀！

激励小站

"本来"这两个字是很有意思的，因为，它表示下面还会有发展、有剧情、有转折、有惊喜、有期待……就像本文中的故事——

"本来"，机车是好好的，未料竟溜进一条蛇，结果机车被拆解了！

"本来"，我都提早上班、上课，后来捷运通了，我就睡懒觉了！

"本来"，我也是个莘莘学子，可是自己不努力，现在变成无业游民！

曾有个高中生说，我"本来"窝在棉被里偷看漫画书，没想到，太好笑了，我忍不住笑太大声，被我妈抓到，漫画书就被没收了。

这些"本来"，本来都是好的，不料，后来都变成坏的，多么可惜啊！

假如，我们能反过来——

"本来"，我什么都不懂，经过不断努力后，现在都懂了！

"本来"，我一无所有、白手起家，经过一番奋斗之后，现在终于小有成就！

“本来”，我脾气很坏、愤世嫉俗、眼高手低，现在终于知道缺点，并加以改进了！

“本来”，我家花园有许多杂草，现在我已经把它清除干净了！

是的，我们要赶快清除心灵花园的“杂草”，赶快抓出心中无形的“蛇”。因为，小毛病不改，会变成大毛病；脚底的脓疮不医，可能变成致命的败血症啊！

第七章

一个梦想，就是一种力量

梦想并不是年轻人的权利。中年人、老年人，也都应该有梦。因为，心中有梦，人就年轻！而且，人的年纪可以变老，但生命力不能下降啊！

残障的她，摘下奥运滑雪金牌

“坚持到底，就是一项荣耀！”

美国马萨诸塞州有个女孩，名叫戴安娜·戈尔登，从五岁开始学习滑雪；但当她十二岁时，医生宣布她得了骨癌，必须锯掉右腿！

天哪，骨癌？锯掉右腿？那我最热爱的滑雪怎么办？

然而，戴安娜并不气馁。手术后，尽管只剩下一条腿，她仍然勤练滑雪，梦想自己能成为世界级的滑雪选手。

后来，父母带她去认识了一位越战老兵，这老兵也只有一条腿，但滑雪技巧极佳；在那儿，戴安娜重拾往日的信心，重新学习单脚滑雪。

单脚滑雪，并不是件容易的事，因必须训练很好的平衡感。戴安娜说，有一次快速滑下山坡时，滑倒了，她脚上的滑雪板被甩掉在七八十米外的山坡上；而装有小滑板来帮助平衡的两支雪杖，也成碎片，手套、风镜、帽子和假发，亦掉落四处。她，只剩下光头，那时她还在做癌症化疗，真的头发早就掉光了。

不过，摔倒时戴安娜故意尖叫：“救命啊，我的腿摔没了！”“救命啊，完蛋啦！我的头发都掉光了！”

戴安娜常保持着幽默感，即使摔倒了，也要勇敢地爬起来！她认为，坚持是一项荣耀，她要不断挑战自己、战胜恐惧，绝不被骨癌打败。

十多年之后，她完全克服滑雪的障碍，以一小时六十五英里[①]的惊人速度滑下山坡，风靡了全美国。她先后获得美国国家残障滑雪赛十九枚金牌、世界残障滑雪赛十枚金牌、一九八八年加拿大奥运女子残障滑雪障碍赛冠军，并一圆她荣获奥林匹克金牌的美梦。

可是，厄运之神却仍不断盯着她、开她玩笑！戴安娜在三十岁那年，又患上了乳癌，医生无情地切除她胸前的两个乳房。

手术苏醒后，戴安娜不断哭泣，因为——“我已经切断一条腿，老天为什么又要拿走我的双乳？这公平吗？”

然而，戴安娜无法对抗命运，她只能默默承受这一切厄运的挑战。她说，手术后，她勇敢地去游泳池游泳；在女生浴室内，她生平第一次注意到其他女人的乳房——有特大号的、有小尺寸的、有松弛下垂的，也有挺拔傲群的！而她，竟然没有勇气脱下自己的衣服，因为，“我居然像是雌雄同体！我这个女人，没有乳房，胸脯上只留下两块永远抹不掉的伤痕！”

不过，回到家时，终究还是要脱下衣服、面对自己。当她

---

① 约为 104.6 千米。

站在镜子前面，一直注视着自己断了腿、缺双乳的身躯时，她悟出了道理——“我大腿上、胸脯上的伤痕，都是很了不起的！这都是我‘生命的痕迹’！生活，让每个人都留下疤痕，只不过，我的疤痕更明显罢了！而且，这些疤痕告诉我：我没有在生命中退缩！”

从那时起，当戴安娜再去游泳池时，就坦然地在浴室里淋浴了！

不久后，戴安娜在年度身体检查时，发现异状，大夫为她做检验。当她从麻醉中醒来，大夫告诉她：“你的癌症已经控制住了，但你的子宫里有一个很大的肿瘤，很可能转化成恶性，所以，我们只好拿掉你的子宫。”

“什么？只好拿掉我的子宫？”戴安娜惊叫了起来。这太过分、太恶毒了！我没生过小孩，为什么我已经断了腿、没双乳，你们还剥夺我生小孩的权利？戴安娜不断哭泣着。

不过，当戴安娜平静下来时，又想到那振奋自己的话——疤痕是生命的痕迹，我们都没有从生命中退缩！

是的，虽然戴安娜遭受多次无情打击，也想过自杀，但她终究坦然面对生命，勇敢站了起来！后来，她获荣誉博士学位，而前总统布什更颁奖表扬她坚毅卓越的精神。

目前，戴安娜是一名励志演讲家，当她对听众谈起过去因乳癌而切除双乳时，她说：“嘿，那只不过是一对乳房而已；而且，它本来也并不怎么大嘛！”全场哄堂大笑！

激励小站

前些时媒体报道，十四岁的“抗癌小斗士”吴冠亿，因患恶性脑瘤，安详地离开人间。吴冠亿有个“小博士”的称号，他在绘画、文学创作上极有天分，更以资优生身份进入高雄道明中学就读。在他与病魔搏斗时，周大观文教基金会还帮他在高雄荣民总医院举办“热爱生命”的诗画展，吸引了无数的人。

当冠亿躺在病床时，曾多次向家人说，他死的时候，请大家不要伤心，不要哭泣，而是要为他鼓掌！后来，冠亿终究斗不过病魔，走了；那时、爸爸、妈妈和妹妹，都守候在病床前，含着泪水，“鼓掌相送”冠亿离开！

“我死的时候，你们要为我鼓掌……”这是一句多么悲伤却又乐观、动人的话呀！

有时，生命虽然短暂，但一定要迸出火花、绽放光芒，让别人依依不舍地含泪鼓掌相送！

让我们学习凡事乐观，像戴安娜一样，不断挑战病魔，坚毅卓越地站起来；也学习吴冠亿，不畏病魔侵扰，乐观奋斗。

乐观的人，经常面带笑容，充满喜乐；悲观的人，只会埋怨、诅咒，而且一直在生活中找寻丑恶。所以，有很多漂亮的女人，心中有太多的忧虑和烦恼，以致年龄未老，美貌却已消失无踪了！

其实，认为自己不幸福的人，永远享受不到幸福！

只要我们乐观、喜悦，时常微笑地唱唱歌，就可以吓跑病魔！

“独臂大师”雕琢出天地之奇

成功，不在力量有多少，而在坚持有多久！

一般来说，木雕是需要有很强的手劲、臂力的工作。然而，在雕刻艺术家中，却有位奇特的“独臂大师”，凭着无比坚强的毅力，闯出了响亮的名号。

林金安，小时候住在苗栗通霄海边。因家里穷，没田地，也没房子，父亲靠着做工、砍柴养家糊口。可是，父亲因脚部破伤风溃烂而死，留下母亲和八个嗷嗷待哺的小孩。

小学毕业，家里都已没饭吃了，怎能升学？林金安的母亲带他去拜师学艺，学习雕刻。可是师傅一看，不禁摇头道：“怎么可能？他左手因小儿麻痹症，都已萎缩，不能用力，怎么可能学雕刻？”那师傅告诉母亲：“带你儿子去学裁缝比较好啦，他绝对没办法学雕刻！你看，在我这里的四五十名徒弟，都一定要双手健全才可以！”

母亲带着儿子走出师傅家。可是，儿子仍不放弃地说：“妈，你再去拜托他啦，我真的很想学雕刻！”最后，在母亲苦苦恳求下，师傅才勉强答应让他学几天看看。

当时十三岁的林金安，每天清晨六点起床，腰间绑着饭包，光着脚丫，徒步走四千五百米的路，才走到师傅家里。

“我家大概是全通霄最穷的人家，哪有钱买鞋子穿？都是赤脚走路，每天到师傅家，来回要走三个多小时！”林金安对着我回忆说，“我们穷人家，别人连看都不看我们一眼，有时候，连路也不让我们走。”

师傅没想到林金安竟能如此努力上进、虚心学习，虽然他左手无法用力，但他用心观摩师傅的一刀一凿，也试着用右手雕木头。

一年后，有人建议他再到三义学雕刻。当学徒，是没有薪水的，不过，雕刻店老板愿意提供吃、住，母亲就很高兴，与老板签了三年契约，因为“儿子左手萎缩、坏了，只要有人养就好了”。

这三年中，林金安一边帮老板带小孩、打杂，一边勤学手艺，不断地找木头来雕刻。而他最拿手的，是刻牛，这让老板不得不对他刮目相看。三年后，老板以一个月一千五百元的薪水想留下他。

可是，林金安想要独立，就回到了通霄镇。一天，他和朋友带着一尊木刻牛，到大甲镇兜售，未料店家说：“嗯，刻得不错，我向你订二十只，一只一百元！”

“天哪，二十只牛，那不就两千元了吗？我努力雕刻，三四天就可以赚两千元！”林金安欣喜若狂，拼命地雕刻。在交货时，店家老板极为满意，又订了五十只牛……

就这样，这家店订，那家又闻风而来，也下订单。而雕出口碑之后，四五家店都抢着下订单，让林金安雕了几百只牛，大大改善了家里经济。

在宜兰“台湾桧木奇木展”里，我看着林金安的作品——一尊长宽约达3.6米的达摩雕像，是台湾数一数二的巨作，真是雄伟无比！

“这比您的个子大好几倍的达摩，您怎么雕？”我问。

“我在三义的工厂，搭钢架子，把这巨大的木头用吊具吊上去，再看怎么顺着纹路、设计达摩的造型……”由于林金安左手萎缩，不能用力，也不能抬高，所以他必须把整块大木头平放或斜倒，自创“平躺刀法”，用左手扶住凿刀，靠在左膝盖上，慢慢地一刀刀雕琢。然后，再用吊具吊起，看凿下去的人或物，有没有正？是不是歪斜？当然，如果一刀凿歪了、凿错了，可能整个作品就报销了！

在展示场中，还有一“鱼跃屏风”，利用千年红桧树头，雕刻了三十二条锦鲤鱼，腾跃在急湍飞瀑之中。

如今，林金安的大型作品，有人用近两百万元购买，而3.6米的达摩巨型雕像，也有人出价四百万元，但林金安仍不愿割爱，因现在已找不到如此巨大的樟木可雕了！

过去，师傅因他左手萎缩、不愿收留他。然而，如今林金安克服左手残疾，用单手凿出天地之奇，真令人佩服不已！而过去师傅教导的四五十个双手健全的徒弟，目前大都已改行，只有被拒收的林金安，交出了一张漂亮的成绩单！

林金安的梦想，是继续创作“达摩百态”，他要雕出一百种不同的达摩神韵，并将它编印成书！看着林金安的作品，我想起了一句话：

“我们不能做个轻易就被伤害、被击倒的人！”

是的，**我们一定要勇于做自我突破的事！**或许，你先天上有残缺，但患小儿麻痹症的美国前总统罗斯福说：“生与死都是同样的冒险。”**唯有敢冒险、敢突破、敢挑战，才能闯出生命的一片蓝天！**

激励小站

在一场马拉松比赛中，前三名优胜选手都已产生，其他选手也陆续跑完全程，于是，就开始颁奖。当然，前三名的选手，都在群众的欢呼声中，上台接受颁奖表扬。

正当颁奖结束，大家纷纷准备离开时，运动场的角落，竟传出阵阵的掌声。所有观众都把眼光转向那角落——只见一名选手，一跛一跛，缓步蹒跚地跑进会场。

这选手，应是最后一名吧！他在途中曾经因头晕而暂时停下，也曾多次摔倒，以致全身伤痕累累，然而，他仍坚定信念，咬着牙，撑到底！在最后一圈，他使出全身力气，往前冲刺。原本准备离席的观众，都围拢过来，大家几乎疯狂地为这个名不见经传的小子鼓掌、喝彩！

鼓掌、喝彩，不是因为他得第一名，而是因为他是一个“可敬的殿后”！他虽然远远落后，可是他奋勇不懈、永不放弃、愈挫愈勇的精神，却给当天全场观众留下了最深刻的印象！

林金安，他不是跑第一名的选手，身体上天生的残缺，不容许他一马当先、领先群雄。但是，他奋斗不懈、愈挫愈勇，即使全身伤痕累累，但毕竟也抵达了终点！而且，他不是只跑一次，而是勇敢地跑下一次，再下一次……当别人都已放弃时，他至今仍然努力地在跑！

因此，成功的原因不在于力量有多少，而是在坚持有多久。

挫折，只是一时的黑暗，但只要火种未熄、信念尚在，则光明的前景仍然在望呀！

从“超级蛙人”到“口绘画家”

口袋可以空空，但生命一定要充实！

飞机在高雄机场降落，我转搭出租车到左营莲池潭畔，东找西问，再走进狭窄的小巷子，终于找到“口绘画家”柯树先生。

柯树，今年四十九岁，坐在电动轮椅上，已于客厅等我。他的腹部，被布条绑在轮椅背上，因为他脖子以下完全没有力气，没办法自己坐着，必须用布条绑住，避免身体向前倾倒。

从小，柯树就住在左营莲池潭边，家中世代务农。但由于父亲早逝，家境贫穷，所以小学毕业后，他无法继续升学，就去学一技之长，当个车床学徒，后来升为师傅。

二十岁那年，柯树奉召入伍服役。由于他体格健壮，又是游泳好手，就以“甲等特优”资格，进入海军陆战队；经过严格训练后，柯树更被挑选进入“两栖侦搜营”（俗称“蛙人部队”），担任特战部的战斗人员。在那儿，柯树如鱼得水，天天练习跆拳道与游泳，还接受“过五关”的魔鬼训练，被磨砺成为神出鬼没的超级蛙人！

一九七三年九月二十一日（与令人心惊胆战的“九二一地

震”同一日），柯树在高雄林园乡中芸港的驻防基地，奉命做水中特技示范表演。因荣誉心与使命感驱使，他主动带领伙伴练习跳水动作。

晚餐前，黄昏退潮，水深不够，柯树太过自信，没看清楚，即一跃而下——“啊！”的一声，他头部撞到了岩石，当时手脚全都不听使唤。“救命啊！”柯树心里想叫，可是却叫不出声！他虽憋着气，但也呛到水，整个人瘫痪，脸朝水底，半浮半沉。

不久，有一弟兄发现他的身躯，过来抓起他，看了一眼，说：“柯树，你跟我开玩笑！”又把他放入水中。柯树痛苦得无法说话，又呛了好几口水。后来，这弟兄看柯树动都不动，才知情况不妙，赶快拉他上岸，送医院急救！

柯树的命，虽然是从鬼门关抢救了回来，但他第五、六节脊椎折断，颈部以下全部瘫痪，终身残废。从此，他躺在床上，整天过着苦涩灰暗、没有阳光、没有希望的日子！

原本身体超级棒的他，突然变成不能动、事事要人照料的“准废人”，日子真是好苦呀！一个大男人，大小便、洗澡、吃饭，都要家人照顾、抱上抱下，柯树心中有无尽的愧疚。然而，慢慢地，他接触了信仰，他相信——“压伤的芦苇，它必不折断”，更深信——“上帝关掉你一扇门，必将为你开启另一扇门。”

一九八三年一个午后，就读高职的表妹把一幅美术习作拿给柯树看。柯树一眼就看出，图中的牛少了耳朵！于是，他趁表妹外出时，自己用嘴巴咬着画笔，为牛添加了双耳，果然，画中的牛变得神气活现！

此时，柯树领悟到——我的生命，不能总是灰暗无光；我可以用画笔来创作，使生命更富美丽色彩啊！

就这么一个念头，激发了柯树的生命动力，令他的潜力迸发出来！柯树不能坐着画画，因支撑力不够，很不稳，所以他只能用嘴咬着笔，躺在床上，右侧着身，一笔一笔慢慢学画。后来，他愈画愈有兴趣，生命也从“黑白”变成“彩色”！

一个人摸索着学画是很孤独的，所幸通过朋友介绍，知名艺术家涂正明、陆晓春伉俪，以及倪再沁教授都深受感动，义务指导柯树，使他的画，更加栩栩如生！

柯树的口绘画作，大都是山水、花鸟的国画，色彩十分鲜艳、生动，令人赞叹不已。十多年前，柯树在高雄社教馆举办了首次个人画展，十分成功。一九九九年，在国际同济会、国际美术交流协会支持下，他又于高雄中正文化中心，举办了第二次个人画展。

在柯树家里，我看到了十分漂亮的巨幅花鸟画作，不禁好奇地问：“您只能躺着画，可是这么大幅的画，您怎么画？”

“想办法啊！”柯树笑着对我说，“国画有个好处，就是宣纸可以折，所以我就先在心中构好图，再请人帮我把大张画纸折成小幅的尺寸，我躺着用嘴巴画完后，再吊起来看看正不正确，并想想还要画什么。再折换另一小幅，最后将一幅幅画接起来！所以，我画完一大幅画，画纸都变成皱巴巴的，好在重新裱褙就可以了！”

多年来，柯树虽然全身瘫痪，但仍勇敢地与命运搏斗！他口衔着笔，吃力地一笔一笔画着，凭着坚强的意志，绘出自己“美丽的生命”。他说：“笨人总有笨方法，我十张、百张，一直画，画到满意为止，我就是有这个傻劲！”

如今，柯树是虔诚的“耶和华见证人”，他坐着电动轮椅，四处传讲福音、做见证，并坚定地告诉朋友——

“虚心的人有福了，因为天国是他们的……”

“不要为明天忧虑，因为明天自有明天的忧虑，一天的难处一天当就够了！”

激励小站

托马斯·曼在小说《魔山》中，描写了一段肺病疗养院里的景象。托马斯·曼的妻子因肺结核而住进疗养院，在那儿，她发现有些病情严重的垂死病人，痛苦极深，所以医护人员会花多些时间加以重视；但有些来自高尚富裕家庭的病人，相较之下，病情轻微、痛苦不多，所以医护人员就较少关照。

此时，这些病情不很严重的患者，为了获得医护人员的重视与关爱，就特别夸张病情、自矜悲苦，大声呻吟、猛力捶胸、不断咳嗽，以表示自己非常痛苦。

生命，有时是痛苦的，但，人不能时常自矜悲苦，而愁眉苦脸、怨天尤人。

人必须学习——对生活微笑！即使生命遭到打击，痛苦万分，但挣扎过后，还是必须勉强自己笑！就像柯树先生一样，对他而言，自矜悲苦、逃避现实是于事无补的。只有停止抱怨、打起精神、创造命运，才是最重要的！

有个家住山上的农村子弟说，他老爸常讲："山啊，就是不能让它荒！"

的确，山，不能让它废弃、荒芜；人，也是一样，我们的心灵，也绝不能让它荒芜呀！

为了不让自己的心"荒芜"，柯树不被命运击倒，勇敢地口衔画笔、心系信仰，微笑地面对命运，因他知道——

"刀不磨不利，人不学不义！"

"口袋可以空空，但生命一定要充实！"

《安娜与国王》——周润发的启示

要靠志气，别靠运气！

最近美国政府有一份解密的文件显示，在一九六九年人类首次登陆月球的行动中，完全没有备用的救援计划。假如登月小艇发生故障，无法返回地球，则太空总署将切断两名航天员与地球的通讯，届时，航天员阿姆斯特朗与奥尔德林，只能孤寂地在月球表面坐以待毙、自行了断。

当时的总统尼克松甚至已经预先拟妥一篇电视演说的演讲稿，准备在阿波罗十一号宇宙飞船的登月小艇无法自月球升空时，向全世界宣布这项噩耗。

这项解密的美国国家档案备忘录中，记载着尼克松演讲稿主要内容——“不幸的噩运已经降临，我们前往月球探险的勇士们，将永远在月球上安息。这两名勇士尼尔·阿姆斯特朗和巴兹·奥尔德林，已经了解他们没有获救的希望，但他们的牺牲却给人类带来希望。”

演讲稿说道：“为了人类最高贵的目标——寻求真理与知识，这两名勇士献出了生命。所有亲朋好友会哀悼他们、国家会哀悼他们、全世界人类会哀悼他们、地球也会哀悼这两位勇敢迎向未知的子民。

“在未来的无数个夜晚，每一个仰望月球的人，都会知道在另一个世界，有一个永远属于人类的角落。”

不过，这份备用的演讲稿并没有派上用场，因为阿波罗十一号的两名航天员降落在月球静海，并在停留了两个半小时后，成功地与在月球轨道驾驶指令舱的柯林斯会合，平安地返回地球，受到了尼克松与全人类英雄式的欢迎。

看到这则新闻，心中有些悸动，因为这些英勇的航天员，面对着茫茫未知的月球，勇敢将人类的足迹留在那里。他们抱定“不成功、便成仁”的决心，甚至连总统都已准备好万一登月小艇出现故障，无法返回地球，就立刻发表哀悼演说。那时，这两名航天员，可能就会在月球上坐以待毙，最后消失得无影无踪。

迈向成功，常是一项冒险！

追求成功，也常有无数风险！

虽然，我们打拼奋斗、努力创业的过程与风险，不会像待在月球上孤苦无援、坐以待毙那般恐怖，但**不付出冒险的精神，哪来成功的香甜果实？**

信义房屋，于一九九九年成为台湾地区第一家上柜[①]的房屋中介公司，当时该公司创业尚不满二十年。该公司董事长周

①指已公开发行但未上市，仅于柜台交易中心买卖的股票。

俊吉，大学联考落榜后，就一个人拎着行李北上。他的家境并不贫寒，但过严的管教，使他产生反叛个性，所以他靠自己打零工赚取补习费，努力用功，终于考上最后一个志愿——文化大学法律系。

毕业、退役后，周俊吉准备参加司法官考试；但当时司法官录取率极低，所以一位王教授告诉他："考司法官多的是台大、政大的高材生，论考试，你很难拼得过。'与其在鹤中当鸡，不如在鸡中当鹤'，你完全可以找合适自己发挥的事业！"

初听到"与其在鹤中当鸡，不如在鸡中当鹤"这句话，周俊吉颇感震撼！后来，他以每个月一分五厘的利息，向父亲借了三十万元创业，开设信义代书事务所，进而开创不动产中介的事业。

当然，创业都有风险、更要冒险。周俊吉也常靠着太太的结婚首饰，进出当铺筹措周转金，使公司不致因缺乏资金而倒闭。如今，信义房屋拥有一百二十多家直营店，每年收入二十亿元，成为第一家通过严格审核、准予上柜的房屋中介公司。

现在，许多学校的毕业典礼上流行一句话——"同学们，要靠志气、别靠运气！""同学们，祝大家鹏程万里，而不是一帆风顺；因为一帆风顺是靠'运气'，鹏程万里是靠'志气'！"

的确，**运气可遇不可求，但是志气，却是可以自己发挥、掌握的！**

只要我们有志气、肯冒险，有一天，就可以快乐地在“鸡群”中当一只漂亮的“鹤”！

激励小站

前些天，我看一部电影——《安娜与国王》，是由周润发和朱迪·福斯特主演的。剧中，周润发饰演的泰国国王，与朱迪·福斯特饰演的英国家庭教师发生了一段爱情故事。

在整部电影中，周润发必须说英语和泰语。记得新闻曾报道，周润发为了进军好莱坞，特别请了英语老师，不断地上课、学习。说实在的，周润发已经上了年纪，舌头也硬了，要学好地道的外语，实在很不容易。他说，他曾经“好想放弃”，因为太辛苦了，好累！

原本，周润发在香港已经是“天王巨星”，有钱、有名，又是大牌。可是，他并不以此为满足，他想突破自己，要进军好莱坞，他不能一直在香港饰演黑社会老大、杀手、警察、赌客等老旧题材电影的主角。因此，周润发暂时放弃在香港有闲有钱的享受，勇敢接受挑战——到好莱坞开创新局面！

周润发在筹拍《安娜与国王》时，潜心练习，几乎是销声匿迹。有些大牌演员看到周润发很久没作品出现，便公开揶揄说：“如果是我的话，我不会在没准备好时，就贸然放弃香港的演艺事业……”

可是，什么叫“准备好”？如果我们没有勇气、不敢冒险，可能永远没有“准备好”的一天。阿姆斯特朗、奥尔德林等航天员，若没有勇气、不敢冒险，他们也绝不会在人类登月历史中，留下千古美名啊！

所以，许多天才，常因缺乏勇气，而一无所成、平庸一辈子！

他摸黑挑战玉山顶峰

人，必须主动去创造机会！

玉山，是台湾地区的第一高峰，许多人都以登上玉山顶峰为荣。

江信义，三十岁以前，是泰雅族的快乐猎人，住在新竹县尖石乡。然而，因高烧延误就医，而并发眼疾，他双目失明，从此陷入一片黑暗世界之中。他原本开朗的个性，也因失明而改变，五六年间，完全缩在“黑暗的角落”里。

后来，一个朋友主动表示，要“牵”他到大霸尖山走走——啊？我瞎了眼睛，还能爬大霸尖山吗？

可是，朋友的好意燃起了江信义的信心火花。他勇敢地接受挑战，凭着不屈不挠的毅力，真的“摸黑”爬上了大霸尖山，走过了地形险恶的奇莱山！

在眼睛失明之前，江信义曾于中央山脉打猎时，远眺过玉山壮丽的美景。如今，他虽然完全看不见，只能从事按摩工作，却对登顶玉山的梦想难以忘怀。他还一度打算花钱请人带他登上玉山呢！

一九九九年，江信义听说有一群来自日本、韩国的盲人，要和台湾地区的盲人一起组队展开挑战玉山之旅。刚得知此消息时，江信义无比兴奋，因为他已经五十二岁了，失明了二十二年，现在他攀登玉山的美梦，很快就可以实现了！

报名后，江信义心里有点害怕，因为他不知道凭他的体力是否能登上玉山？于是，江信义和朋友商定，由朋友骑摩托车把他载到河滨公园，然后把一根木棍绑在摩托车后，他就拉着木棍，跟在摩托车后面跑。这是他独创的“拉棍法”——盲人训练跑步的方式。

江信义每天跑一两个小时，即使汗流浃背，也从不懈怠。他说：“万一我中途体力不支，也要请求工作人员把我抬上去！不管是用爬的还是用抬的，我一定要登顶、要站在玉山顶峰！我虽然看不见，但我可以用心倾听风的声音，也可以把足迹留在玉山上，我一定要让二十多年来的梦想成真！”

登玉山当天，十四位盲人，在医师、登山爱好者的陪同下，抚触着玉山登山口的石碑。每一位盲人，都由一明眼人带着，并以尼龙绳互系在腰间，一步步踏上惊心动魄之旅。

山径是如此起伏、陡峭，每个栈道、陡坡，更是步步惊险，尤其是走到“战备桥”，因那座桥是由一节节木板连接起来的，每片木板之间，都是中空的，十四位盲人完全看不见，只要一踩空，就可能掉下山谷。

正当大家如履薄冰地慢慢前进时，突然乌云密布，山雨席卷而来。江信义虽被推选为班长，但真是“有名无实”，他也小心翼翼、提心吊胆地和其他盲人一样，在泥泞湿滑的山路上，举步维艰地踏稳每一步！

“左脚、右脚！”有人玩笑地以口令指挥前进。虽然大家走得步步惊险，但勇往迈进的热切信心，完全没有被雨水浇熄。大家都知道，越往上爬、气温越低，山势也越险峻。在最狭窄处，只有二十厘米宽，下面就是悬崖，连明眼人都吓得一身冷汗，可是江信义和大伙鼓起勇气，双手几乎紧贴冰冷的峭壁，一步一步地往前挪动！

途中，来自日本的两名盲人，因身体不适，而放弃攻顶。当时，有电视台记者因患“高山症”，必须紧急送下山治疗，可是天黑、山路难行，运送有困难。此时，有人建议：“让盲友运送好了，反正他们没有白天、晚上之分。”大伙一听，无不哈哈大笑！

隔天清晨四点，江信义和所有盲人离开排云山庄，在摄氏一度的低温中，开始攻顶。强冷的风，不停地吹，每个盲人缓步而行，鼻涕不停地流着。韩国领队金仙东说：“对他们（盲人）来说，真的是太难了！”然而，尽管肌肉酸痛、脚跟颤抖，这些盲人都坚定信念——绝不愿在追寻梦想的盛会中缺席！

清晨六点三十分左右，盲人们陆陆续续成功攻顶！当时，玉山顶峰的温度在摄氏零度以下，然而盲人们皆喜极而泣，在东升的旭日中，相互拥抱，流着眼泪，亲吻玉山冰冷的圣地！

当时唯一的日籍盲人，站在玉山顶峰，大声地边哭边吼叫："漫栽！漫栽！"（万岁、得胜之意。）因他的两名盲友都已放弃，但他不甘心、不愿半途而废。他紧咬着牙，硬是撑到顶峰，完成了渡海来台湾岛"攻顶玉山"的美梦。

在江信义家的客厅里，他朗声笑着地对我说："能够攻上玉山，以后就没有做不到的事！……以后，我还想再去爬，只要有人找我！"

"咦？你怎么穿绣着舞蹈社字样的衣服？"我突然好奇地问道。

"我也在学跳舞啊！"江信义笑嘻嘻地说，"人要懂得找寻快乐啊！如果不快乐、不乐观的话，眼睛看不见了，日子要怎么过？"

"除了跑步、爬山、跳舞之外，你还做什么运动？"我问。

"我还会游泳啊！前一阵子，朋友还带我去白沙湾游泳呢！"江信义哈哈笑着，颇为自豪地说。

激励小站

美国有个小镇来了一个马戏团，做巡回演出。当时，乐队中有一名喇叭手生病，一个男孩就自告奋勇，担任喇叭手替补。

在街上游行时，乐队开始演奏，可是还没有走过一条街，就有两个妇人因听了那男孩吹出的怪声音而吓昏了，一匹马也吓得四处逃窜！

乐队指挥就怒责那男孩：“为什么你不告诉我，你根本不会吹喇叭？”

“可是，我以前从来没试过，我怎么知道我不会吹喇叭！”男孩理直气壮地回答。

想想，男孩说的也有道理。“我不试，我怎么知道我不会？”

江信义就有这股傻劲，除了爬山、跑步，他还会跳舞、游泳，他也是在全盲之后，才不断找机会、不断尝试的啊！“我不试，怎么知道我不会？”试久了，就会嘛！

所以，机会不会上门来找人，人必须主动去找机会！

机会只是给你一条道路，走不走，或能走多远，还得看我们自己啊！

你是万鸟之王——老鹰的命吗

“一个梦想，就是一种力量！”

很早以前，有一位印第安勇士，在打猎时射下了一只老鹰。而后，他在老鹰巢里发现一颗鹰蛋。这勇士想，母鹰已被他射死，没办法孵蛋，放在巢里也不是办法，所以就把鹰蛋带回家，放进松鸡窝里一起孵。

不久之后，母松鸡把这些蛋都孵出来了，包括小鹰和一群小松鸡。于是，小鹰和小松鸡玩在一起，每天在草地上跑来跑去，也在泥土里翻抓，啄食谷粒和小虫。

尽管，小鹰的长相和小松鸡不太一样，但小鹰也不知道为什么会这样。它想，可能只是突变吧，没什么关系。小鹰有时会轻轻挥动一下翅膀，离地不高地跳着、飞着，毕竟，其他小松鸡也都是这样飞着呀！

日子一天天过去，小鹰变成“中鹰”，后来也变成名副其实的老鹰了，但它仍然和一大群松鸡住在一起，不停地啄食谷粒和小虫。一天，这老鹰抬头时，忽然望见天空有一只身形壮硕的巨鸟，在晴空万里之中雄壮地展翅飞翔；在蓝天、白云的衬托下，那巨鸟迎着强劲的气流，优雅尊荣、四平八稳地翱翔着，偶尔拍动着它那乌黑发亮的羽翼。

老鹰一直望着天空中的巨鸟发呆，不禁好奇地问身旁的松鸡："那是什么鸟啊？怎么会那么雄伟、那么漂亮？"

"那是老鹰啊！它是鸟中之王，你怎么不知道？"松鸡咕哝着回答说，"哎呀，赶快找谷粒、小虫吃吧，你不要做梦了，你永远都不会像老鹰一样，在空中飞翔！"

草地上的老鹰一听，"噢"了一声，即低下头，继续啄食地上的谷粒、小虫，不再奢想自己能翱翔于蓝天白云之上。

它，这只不曾飞翔的老鹰，一直到死去，始终都以为自己是一只松鸡。

初看这则寓言时，我的心，像被重重地击了一拳！

你和我，是不是应属于在晴空中展翅高飞的万鸟之王——老鹰呢？我们天生就有悠游天际的本领与潜力啊！可是，我们是不是已经飞上天了呢？还是和地上的小松鸡一样，每天在草地上啄食谷粒、在泥土中辛苦地寻找小虫吃？

我们的翅膀原本可以让我们展翅翱翔的，但我们飞起来没？抑或是仍只能扑打着翅膀、低矮地跳着呢？

有一位步入壮年的工厂元老级员工，在一波人事精简中，很感慨地说道："三十年前，我们以高中毕业学历，进到工厂里，是多么风光啊！没想到，今天却变成被裁员的目标！

唉……”

“唉！”这一声声叹息，道尽了多少心酸与无奈？但是，让我们静下心来，回首过去——我们是不是习惯于平淡无奇、风平浪静或毫无挑战的日子？我们是不是天生老鹰的命，能翱翔天际，但却常常像松鸡一样地平淡过活？

假如，我们的日子，有点像松鸡，让我们赶快“活过来”吧！因为，我们原本就是“鸟中之王”，我们天生就有优雅尊荣、展翅翱翔的命啊，我们岂能一辈子只当一只在草地上奔跳的“小松鸡”？“赶快活过来吧！赶快努力打拼吧！”——我告诉自己，否则，十年后，我们都可能是被裁员的目标啊！

激励小站

曾经到过美国圣迭戈的海洋世界玩，看海豚、小鲸鱼表演各种特技。专业人员一声令下，海豚可以腾空跳跃、反转，也可以载人快速游移。快到节目尾声时，主持人则邀请小朋友坐到透明的大水池旁，和海豚一起玩乐；海豚会把池里的水，喷溅到小朋友身上！

外国父母都鼓励小朋友到前面去，反正好玩嘛，主持人也不会害你！可是咱们中国父母就会有所顾忌，因为到前面去可能会出糗，可能搞得湿答答、会感冒！

我们常常过度自我保护、缺乏冒险精神，而把老鹰当松鸡养！

我们也常常瞻前顾后、怕别人笑，而不好意思尝试，以致失去许多开创大格局的机会！

有个女孩，在二十九岁时，决定到美国学开飞机。虽然父母、亲友再三反对，但她觉得，那是她的梦想，如果超过三十岁，就没机会了。

“好吧，有梦就去飞吧！”见女儿意志坚定，父母也只好同意。

原本学习飞行三百至六百小时就可以了，但她却硬撑到一千小时，只为了争取和其他男飞行员平起平坐的机会。

如今，这女孩结训毕业，也通过民航局考试，拿到飞机驾驶执照，光荣地成为一位女性飞行员！

“有梦就去飞吧！”我们可以像老鹰一般，在空中万里翱翔，绝不能像只小松鸡，只会在地上啄食谷粒、找小虫吃！

一个梦想，就是一种力量！

如果，没有梦想可追寻、没有幸福可追求，人生有何意义呢？

记得，你我都是“老鹰”的命，绝不是“小松鸡”呀！

第八章

乌龟伸出头，才能往前走

在遭受挫败后，我们绝不能倒地不起！虽然我们伤心流泪，但仍要勇敢面对；我们必须重寻方向、重整思维、重建信心！

为自己打一剂“低潮防疫针”

人若不控制困难，就会被困难控制！

曾经多次到香港参加书展，也看了一些当地激励人心的书籍，其中《一朝失意》一书中，提到两位香港人奋斗不懈的故事：

梁立人，年轻时，曾是香港电视圈里叫好又叫座的编剧，他所编的剧本都赚了大钱，当然他也就意气风发。正当他的事业处于巅峰之际，他选择到新加坡发展，可是他待了三年，发现新加坡不是他的主战场，于是就收拾行囊返回香港。

然而，回到香港后，梁立人不再被高层重用，只从事后勤工作，或写些没深度、没创意的剧集。于是，他又另谋发展，拿着所有积蓄准备移民美国，并做点小生意。但他是不善理财的人，在美国两三年，就将所有老本花光了，最后被迫又回到香港。

他写信给电视台的老友和同事，希望谋个职位。可是，包括以前受他照顾的同仁在内，竟然没有一个人回信或回电话。在穷困潦倒、饱尝人情冷暖后，梁立人决定只身前往台湾发展，可是，那时他穷到没钱交税，而被“限制离港”。幸好，有朋友借钱给他，他才得以到达台湾，并在台北租了一个小房间，专心写作。

当时，梁立人在台湾是个没有知名度的人，他租的小房间，没有窗，只有一张床、一张桌子。不过，为了自己和家人的温饱，他不断地写剧本，常写到手酸得提不起来。而每当他赚到编剧稿费，就把“千元台币”贴在墙上，以激励自己——我一定要咬紧牙关，不断地写！

梁立人说，他曾经一连七天不停地写稿，没和别人说过一句话。完成剧本后，他到附近餐厅吃东西，当时餐厅里正播着一首歌《朋友，你快乐吗？》，当侍者过来招呼他，并俏皮地问他：“朋友，你快乐吗？”梁立人回答：“当然快乐，因为这是我七天以来，第一次跟别人说话。”

辛苦努力写了一年多，刚好遇到电视剧《包青天》编剧人手不够，朋友就找梁立人加入编剧阵容。随后，该剧收视率不断提高，在台湾极受欢迎，因此就有越来越多的人找他写剧本。

后来，梁立人又写了几部颇叫座的剧本，消息传回香港，竟有人主动邀他回香港工作。在台湾三年后，他总算“衣锦还乡”。如今，多年努力后，梁先生已是香港亚洲电视的高级创作顾问。

另有一位在大学任教的陈永明教授说，三十多岁时，他在美国攻读博士学位，论文题目是《法国的存在主义》。当时，他花了七年的时间学习这门课并撰写论文，对自己的论文很有信心。可是，到了要参加博士资格口试时，三位评审委员中的一位，竟拒绝让他参加口试。为什么呢？因为他的论文是有关法国的存在主义，但他的法文能力只是一般，所以他在论文序中就说明，他是以英译本来做研究的。而该评审委员就以“博士生研究法国哲学，却不能阅读法文原文为由”，拒绝让他参加口试。

就这样，陈老师遭到极大的挫败与打击，因为拿不到博士学位，他七年的努力与苦读就完全付诸流水，也无法在香港大学任教，那么，他的前途就全毁了！

此后的十年里，陈老师在香港不能升任教授，只能当个没有博士学位的小讲师，他陷入了人生低潮，也无法原谅拒绝让他参加口试的那位教授。他总是自怨自艾、愤愤不平，因为他认为真是被歧视、被冤枉的啊！

十年后，他任教的学校财政有困难，要开掉他。于是，陈老师勇敢鼓起勇气，以“老学生”之龄，重新回到美国的那所大学，再度攻读博士学位。但这次，他转做“东亚研究”，最后终于顺利取得博士学位。多年前，陈老师返回香港，在浸信会大学任教，成为了一位极受学生欢迎的教授。

事实上，人都会有低潮，但是整整十年的低潮，代价真是太大了！陈教授说，这十年低潮的教训，让他“磨去了自己高傲的棱角”。以前总以为自己很棒、无所不能，但当挫折出现后，才知道“人算不如天算”，有些事情是自己不能控制的！所以，他学会了更虚心、更谦卑，不迁怒、不自怜，并且坚持奋斗，不断地在低潮中充实自己！

记得曾经看过这样一句话：“在苦难、挫折、挣扎后，人的生命必须要重组！”

但怎么重组呢？就是——重寻、重整、重建！

是的，在遭受挫败后，我们绝不能倒地不起！虽然我们伤心流泪，但仍要勇敢面对；我们必须重寻方向、重整思维、重建信心啊！

让我们学习在低潮中坚持信念、装备自己，因为种子经过低潮时期的冰封之后，自然能发芽成长，形成一番新的景象。在此，也让我们记得——

“人若不控制困难，就会被困难控制。”

“胜利者永不放弃，放弃者永不胜利。”

激励小站

伊斯兰教有个故事说：古时候，有一位先知告诉大家，他要表演“移山大法”，可以让对面那座山，移动到他面前来。此事一传十、十传百，人们都争相前来观看这位先知的表演。

正当无数的人争看移山表演时，只见先知大声地喊叫：“山，过来！山，过来！”可是那座山仍然丝毫未动。先知接连大喊了五六次，山依旧没过来。此时，先知笑着对周围的人说：“你们都看见了吧，山，它是不会过来的，只有我走到山那边去！”

是的，山不动，我动！现实环境不会为我们改变，人必须自己改变啊！

换句话说，或许我们不能改变环境，但可以改变心境！

当挫折、低潮来袭时，你我都是普通人，都有软弱的时候，有时甚至会悲伤落泪；然而，我们必须学习，不被情绪控制，而是要控制情绪！

行动吧！在伤心过后，人还是要生活的，行动可以让我们走出心中的黑暗与阴霾！况且，痛苦，是最好的成长；磨难，是上天的锻炼，不是吗？

因此，让我们为自己打一剂“低潮防疫针”，以积极的态度去面对低潮与挫折。《圣经》上也说：“你所遇见的试探，无非是人所能受的……在受试的时候，总要给你们开一条出路，叫你们能忍受得住。”

是的，只要我们懂得“重组心境”，就能为自己的困顿觅得一条出路，也必能将苦难化为彩虹！

（本文故事内容由《一朝失意》一书（周淑屏著，香港壹出版有限公司）授权提供，谨此致谢！）

台湾麦当劳总裁的故事

当全心投入时，工作是种享受！

有位读者写信来问道：“戴老师，为什么您写的激励故事，大都是身体残障，或遭逢重大意外、挫折的人，正常人的故事，难道就不能有激励作用？”

这个问题让我愣了一下，的确，我比较少以正常人的故事来激励读者。因此，我特地走访台湾地区麦当劳总裁——李明元先生，他，没有残障，人，高高帅帅，说话慢条斯理，我站在他旁边，足足矮了一截。

李明元，台东人。台东，是所谓的“山后”，没有名校念。住在中央山脉那边的小孩，常在海边或爬上都兰山许下心愿——长大后，要到西岸的大都市打拼，使自己事业有成，荣归故里。

后来，李明元考上海洋学院水产制造系。天哪，水产制造是干什么的，他一点都不知道，只晓得当时校园很小，像个幼儿园。在男生宿舍旁，有家味道很浓的虾子加工厂。这个系，大概就是做鱼罐头的吧！

不管有没有兴趣，李明元用心念书，并顺利毕业了。毕业后，他去了一家汽车零件工厂，在外贸部门工作。后来，报上刊登一食品公司招考储备干部，当时，李明元还不知道什么是“麦当劳”，只想到食品公司大概与水产制造有关吧！

就这样，李明元二十五岁进入麦当劳，从扫厕所、收餐盘、擦桌椅、洗地板的基层工作干起。在访谈时，他对我说道：“说真的，当时我觉得很丢脸，大学毕业、退伍，又有一些工作经验，竟然还要去扫厕所、收餐盘，或对客人说‘对不起，我帮你清一下桌子’，心情真的很不能适应，也很怕碰到熟人……”

不过，在上司的开导下，他全心全意地投入工作，每天除了睡觉六小时外，几乎都在店里工作；不当班时，也主动去厨房或柜台帮忙，毕竟，这是他选择的工作。

后来，李明元任劳任怨、认真负责的工作态度，获得上司的高度肯定，十多年来，多次拔擢。李明元从扫厕所做起，一路升迁，最后不到四十岁，就当上了台湾地区麦当劳总裁。

虽然李明元贵为总裁，但他因从基层出身，所以坚持不享特权；他甚至与员工轮班，亲力亲为，接听顾客的投诉电话，倾听顾客心声。

有一次，有顾客抱怨麦当劳“得来速点餐车道”[①]对麦克风点餐后在下个窗口领餐时，常有遗漏产品的情况！李总裁知道

---

①得来速（Drive-Thru）为麦当劳公司推出的汽车餐厅，司机不用下车就可以完成点餐、交钱、取餐的全过程。

后，即将原先五十多家点餐车道设计不合理的墙打掉，做可沟通的窗户，使顾客和店员能 face-to-face 地直接交谈、点餐。

李总裁下班后，带小孩去吃麦当劳，也按照规矩排队点餐。他认为，下班后，他就与一般顾客没有两样，不能享有特权。

当然，有些员工难免会有情绪挫折、愤而辞职的情况，但李明元总是以朋友的身份，告诉员工："全世界没有一个人，能用一把锁，把你牢牢锁住；每个人的前途，都是由自己来决定。但，你要考虑清楚，你喜不喜欢公司的经营理念？你喜不喜欢工作环境？如果只因某些人执行上的偏差，就轻言放弃、愤而离去，会很可惜！"

李明元真心地说："只有你喜欢，才能投入；只有投入，才能成长；只有成长，才有机会、才能升迁！"

"您在工作上，应该也会遇到挫折吧？"我问。

李明元想了想，说："有！以前我曾自认是个杰出的地区督导，可是上司在考虑升迁时，选择了另一位优秀同仁当第一线的营运部经理，而我却是第二线的训练部经理。当时，我心里很不平衡，心想，是不是我表现不好？还是主管偏心？怎么把我打入'冷宫'？不过，后来我还是接受了！"

可是现在回想起来，李明元说，正因过去有门市营运、后勤训练等历练，才使他更了解企业的整体运作，并增强自己的管理能力和执行力。假如，他当时没当上营运部经理，就愤而离职，那么他今天就不可能当上台湾地区麦当劳总裁了！

一转眼，许多年过去了，李明元回首来时路，觉得都还算平顺。这段经历使一个台东山后玩泥巴的小孩，美梦成真，可以衣锦还乡、荣归故里。

当我坐在麦当劳的餐桌旁，记录下这篇故事时，我想和朋友们分享——这位无人不知的国际连锁店地区总裁，是从扫厕所、收餐盘、洗地板、站柜台干起的。他脚踏实地、苦干实干的精神，值得你我学习！

激励小站

一九九九年，华信银行总经理卢正昕，被美国《商业周刊》评选为五十位“亚洲之星”之一，也是台湾地区唯一上榜的金融家。

多年以前，华信银行购并美国加州远东银行，成为横跨太平洋两岸的新银行。而卢正昕经常在太平洋上空飞来飞去。他说，他是个工作狂，每天工作“半天”。这个“半天”可不是一个上午或下午，而是十二个小时——刚好是一天二十四小时的一半。

大宇信息是研发电脑游戏软件的公司，在公司的办公室里，有人赤脚写东西；有人猛K漫画、武侠小说、佛经，寻找创意；也有人留着满脸胡子，戴着耳机听CD，一直绕圈打转；更有人拿着大刀、勤练武术！

他们在干吗？他们是电脑游戏的研发团队，在找灵感、在构思、在创作，在编织一个侠骨柔情的虚拟世界。其中一位不到三十岁的员工说："我们公司有很多睡袋，我已经在这公司十一年了，前六年，我每天待在公司，一星期才回家一次，我实在太enjoy这个工作了！当工作与自己的喜好结合在一起时，工作似乎不再是工作，而是享受！"

看到这些努力圆梦的年轻人，真是感动！的确，"当工作与自己的喜好结合在一起时，工作不再是工作，而是享受"！他们不只工作半天，而是除了睡觉，都在工作。就像李明元把麦当劳当成自己家一样，全心全意地投入自己认同的企业环境之中，即使再卑微的工作，都甘心乐意去做，自然会有不断升迁的机会。

正如艺人卜学亮所说："凡走过，必留下痕迹；凡住过，必留下邻居！"只要专心投入于自己喜欢的工作，无怨无悔，工作就会成为享受，也必会有丰收庆功的一天！

人生是不出售“返程票”的

“人人都会走路，但要走正路！”

年轻时，曾听过两则有关父与子的故事——有一个父亲，早年在上海做皮毛生意三四十年，从未间断。这父亲全心研究与皮毛相关的事物，不怕苦、不怕脏、不怕冷。从动物的产地和饲养到皮毛色泽的分辨，甚至制皮季节与技巧，都苦心钻研，终于成为了专家，因此，皮毛生意十分兴隆。

一天，这父亲得了重病，躺卧床上。父亲知道自己不久人世，就把唯一的儿子叫到床前，紧紧握住他的手，含着眼泪又无奈地说：“儿子啊，你自己要争气点，我这双眼睛没办法挖给你，否则你一辈子就可受用不尽了！”

也有一对父子，躺在池塘边乘凉。忽然，儿子看见水中有黄金般金光闪闪的东西，就很兴奋地跃入水中寻找，可是找了很久，并没有找到什么黄金般的物品。

不久，池塘中的水由混浊变清澈，水中那金光闪闪的东西又再度浮现。儿子看准了那个位置，再度跃入池中。可是找了半天，还是全身湿透、一无所获。

父亲问儿子："你干吗跳入水池，弄得全身湿淋淋的？"

"我……我看见池子里有金光闪闪，像有黄金般的东西呀！"儿子喘着气说道。

父亲起身，看了看水中出现的金光闪闪的影子，敲敲儿子的脑袋说："傻儿子，你不要心里一直想着黄金好不好？你怎么不抬头看看上面有什么东西？那是树上金黄色果子的倒影啦！果实，才是让你摘得到、吃得饱的东西！"

是的，如果心里光想着黄金，却不知道努力去摘取果实，是吃不饱的！有些人得到祖先庇荫，父辈拥有许多家产，然而，自己却游手好闲、无所事事、一无所成，难怪父亲会无奈又感叹地说："唉，我这双眼睛没办法挖给你……"或"唉，我的脑袋无法砍给你……你争气一点好不好？"

争气、争气，人活着，不就是要争气、要豪气吗？

我们一定都听说过王云五先生。王云五先生家境贫寒，是平凡小学徒出身，他所受的学校正式教育不满五年，但他却酷爱读书，自修苦读。他在十九岁担任教员时，购买了一套大英百科全书，穷三年之光阴，一字一字地阅读了一遍。他曾说："宁可一日不食，不能一日不读书！"

由于对知识的渴求，而博览群书，所以王云五先生著作了一百多本书，使他生前有"活的百科全书"与"博士之父"的雅号。而王云五先生，从十四岁当小学徒开始，就一直没有停止念书、工作。王云五先生成为了世界大出版家，他一生几乎做了别人三辈子的事！

王云五先生自己形容“人生如壮游”，而他九十二岁高龄的生命，确是一次壮游，因为“王云五”三个字，已经成为近代中国历史贫苦无依、苦学成功的象征！

王云五先生曾说，李白的诗，主旨是“不要劳其生，不妨终日醉”，但他却认为，人要争气、要积极进取，因为“得生斯世，无异壮游，壮游难得，不宜虚生。人人要抱着不虚生的信念，而努力对这个世界有所贡献”。

的确，人生要如壮游，“不宜虚生”！假如王云五先生不努力自修苦学，遍读古今中外书籍，则中国历史上就不会流传“王云五”三个字了！

美国哈佛大学的一位校长，曾在办公室挂了一幅画，画中有一只大乌龟，伸着头前行，左下角则写着一句话：“乌龟，只有把头伸出时，才可以往前走！”

是的，**人，要有壮游的人生；壮游的人不能做“缩头乌龟”，必须勇敢地“把头伸出来”，才能往前走！**

激励小站

以前，曾经读过麦克阿瑟的《为子祈祷文》，但没什么特别感觉。如今，我当了两个小孩的父亲，有机会重看一次，有颇多感触。麦克阿瑟写道：

“主啊，请教导我儿子，在软弱时，能坚强不屈；在惧怕时，能勇敢自持；在诚实的失败中，毫不气馁；在光明的胜利中，仍保持谦和……

“我祈求你，不要将他引上逸乐之途，而将他置于困难及挑战的磨炼之下；使他学着在风暴之中站起来，也由此学着同情那些跌倒的人……”

麦克阿瑟没有祈祷上帝，赐给儿子更多的金钱与股票，也不祈求上帝教导儿子会打高尔夫，以跻身上流社会。麦克阿瑟只盼望，上帝赐给儿子智慧，使他坚强勇敢，在失败时不气馁、胜利时仍谦和待人；同时，不要给他太多逸乐，而是要让他迎接更多困难与挑战！

蓝翎在《了了录》中写道：“人人都会走路，但不一定都能走上正路！”

是的，指导小孩有正确的观念、健全的心灵，并使他有一技之长，比给他千万元的家产更有用！让小孩有乐观的心、正确的人生观，才能使他走上正路，展开壮游的人生啊！

罗曼·罗兰说："人生不出售返程票，一旦动身，绝不能复返。"

哇，多贴切的形容呀！咱们人生没有返程票，只能去，不能回！

所以要记得——"风萧萧兮易水寒，壮士一去，就没有车票回来！"

正因为你我都只有"单程票"，所以必须赶快像乌龟一样，"把头伸出来"，展开一路精彩无比的壮游！

各位，你们不能再不省人事了

“钱多、马好，不如方向对！”

几年前，台北天母地区发生帮派少年凌晨持械互殴的事件，一名吕姓少年被十多名帮派分子乱刀砍死。警方接报后，逮捕了行凶的陈姓嫌犯等十名不良青少年。

而吕姓死者的父亲赶到警察局，看到儿子被砍死的照片时，愤怒不已，因为照片上的独子，全身是血、内脏流出，臀部也被砍烂，死状极为凄惨。吕父对着凶手大声咆哮说：“人被你砍成这样，好像你杀的是一头猪，我问你，你怎么跟我交代？”

与死者同是十九岁的陈姓凶嫌，低头不语，仅表示手铐让他很不舒服，而后，冷冷地说：“反正不是我砍死他，他也会砍死我！”

警方指出，死者与凶嫌过去在中学念书时就结怨，毕业后二人四处厮混，经常为了地盘而纠集同帮分子互相斗殴。而两帮人马在冲突之后，竟以黑道中的“种人”方式，来惩戒、教训对方。

什么叫“种人”呢？就是在逮到“仇家人马”时，在大哥的号令下，先把他毒打一顿，再将人押到偏远山区，挖一个大洞，然后把这“俘虏”，直直地像“种树”一样，种到土里去，只剩下人头露出地面呼吸。

一名曾参与“种人”的小弟在落网时说，“种树”需要浇水，“种人”也一样要浇水！在大哥下令“洒水”后，弟兄们一字排开，朝着只露出人头的“俘虏”撒尿。而后，大哥在现场打通电话给仇家老大，通知他们前来领回“俘虏”。

看到这则新闻，我感慨不已！为什么年纪轻轻的青少年要如此践踏生命、虚度光阴呢？其实，这些青少年资质都不差，家境也很好，死者甚至天天开着一辆父亲送他的宝马轿车。可是，年轻人缺乏管教、缺乏指引，误交了损友，让自己赔上了生命，这是多么令人痛心、惋惜啊！

一位掌权者曾在一次例行的早餐会上，对在座的官员们讲话：“各位，你们不能再不省人事了！”当时，官员们个个愕然、面面相觑，不懂掌权者所指为何？

这位掌权者继续说道：“你们位居显要，在你们周围的人，都会奉承你们。你们说对了，就是对；说错了，也是对。做对了，也是对；做错了，还是对。久而久之，就不说人话、不做人事，最后也就‘不省人事’了！”

是的，我们是不是“不省人事”呢？我们是不是“迷糊不醒”呢？我们不能一直以为自己还很年轻、时间多得是啊！因为，我们不久就会发现，一眨眼，十年、二十年就过去了！

因犯下绑架杀害白晓燕案，以及多项抢劫强奸案，被判处三个死刑的陈进兴，在枪决之前，于监狱中写了一封给年轻人的信。他说：

“青春对我而言，大半是耗在狱中，从少管所到感化院，然后踏遍全省监狱。坦白说，起初我并不是很坏，我只是好玩、不爱读书，和朋友一起游荡，没想到这是踏入万劫不复的第一步……”

陈进兴，从小学二年级开始逃学，他以过来人的身份，提醒年轻朋友——

好朋友绝不会邀你玩通宵。

好朋友绝不会教你学抽烟、喝酒或打麻将之类的事。

好朋友绝不会邀你逃学、游荡。

好朋友绝不会教你吸致幻剂来麻醉自己，这样做是他们想要害你。

好朋友绝不会在该去读书时，仍在校外游玩，而邀你做伴。

好朋友绝不会邀你飙车比快。

好朋友绝不会向你要钱，或找各种借口要你去找钱。

好朋友更不会要你带棍棒，去与人谈判……

“走到我这个地步，真是欲哭无泪、后悔莫及！”

激励小站

《战国策》中有个故事。

魏国大臣季梁对魏王说："我刚才来的时候，看见一个人驾车往北走，他说他要去楚国。我说：'楚国在南方，你为什么要往北走？'他说：'我的马好。'我对他说：'马虽好，可是这不是去楚国的路啊！'他又说：'我的路费多。'我再告诉他：'你路费虽多，但是这仍不是去楚国的路啊！'他又说：'我的车夫本领很好。'"

季梁最后对魏王说："可是，方向错了，这几个条件愈好，就会距离楚国愈来愈远啊！……"

的确，如果我们方向错了，人再怎么聪明、伶俐、有才华，都会使我们距离真理与成功愈来愈远。就像陈进兴，他很聪明，也写得一手漂亮的字，但不学好，到处打劫、强奸、杀人……致使他一错再错，最后欲哭无泪、后悔莫及！

我告别电视新闻工作已经很多年了，但至今仍清晰记得，一九八九年，我半夜在土城看守所外的公寓顶楼，与摄影记者于半夜守候五天，才偷拍到四名死刑犯被枪决的经过。当死刑犯被打上麻醉剂、昏迷，法警持枪朝其心脏部位连开两枪，只见壮硕死刑犯的身躯，还不停抽搐、抽搐——直到断气！

真的，钱多、马好，不如方向对！人生也是一样，强壮、聪明、有才华，还必须方向对、走正路，不断为自己打好生命基础。因为，只有年轻时认真打好基础，老年时，才能稳妥平安呀！

世界汽车销售冠军的启示

“别人摸鱼，但我一定要捕鱼！”

连续十二年荣登吉尼斯世界纪录大全世界推销第一宝座的乔·吉拉德，前几年应安泰人寿公司邀请，以“如何成为世界上最伟大的营销高手”为题，发表演说。

乔·吉拉德四十九岁退休，在退休前的十五年当中，总共卖出了一万三千零一辆汽车，被吉尼斯世界纪录誉为“世界上最伟大的推销员”，而且这纪录竟连续维持了十二年。据了解，吉拉德应邀来演讲的价码是三万美元！

其实，小时候，吉拉德是个不喜欢念书的小孩，他连高中都没有念完，经常逃学。吉拉德说，他童年时，父亲经常责骂他，认为他的表现不如其他兄弟。还好他的母亲时常鼓励他，要他振作精神，不要老是让老爸骂或瞧不起，要做出点成绩给老爸看！

后来，吉拉德找到汽车销售员的差事。没想到，他对卖汽车颇有兴趣，天天研究怎么将车子卖出去？你知道吗，为了争一口气，脱胎换骨后的吉拉德，竟然创下一天卖出十八辆汽车，一年卖出一千四百二十五辆汽车的惊人纪录。

吉拉德在演讲中说:“成功没有什么秘诀,关键在于自己要设立目标、勇往直前。许多人活了一辈子,却一直没有目标!……很多人早上起床后,糊里糊涂地过了一天,不知道生活的目标是什么,这多可怜啊!我,绝对不是这种人!我每天都有目标,而且是,前一天就计划好的!”

除了积极努力之外,吉拉德也是个营销高手,他随时自我促销、撒名片,连去餐厅吃饭、给小费时,也不忘附上两张名片,让别人认识他。吉拉德说,如果不主动出击,就不会有人找他买车。他每天在办公室都有接不完的电话,而办公室门口还有许多人排队买车,像是病人在医院挂号看病一样。甚至因排队太久而引起纠纷,吉拉德只好宣布——排队等最久的人算便宜一点!

由于吉拉德的人缘太好,既真诚、又风趣,所以汽车愈卖愈多,最后创下世界汽车销售冠军的纪录。《富士比》《时代》周刊和其他的报刊,也都争相对他进行采访、报道。因此,主动向吉拉德买车的客户,就像滚雪球一样,愈来愈多。

看了吉拉德的真实故事,让人感觉到——努力奋斗向前的人,没有悲观、抱怨的权利!我们不能一直抱怨家境不好、出身卑微、同侪歧视、学历不佳……其实,机会,是创造出来的,也是主动争取来的!假如吉拉德每天随便混日子,每天不主动积极地争取客户,怎么会有人跟他买车?

所以，“别人摸鱼，但我要捕鱼！”

“捕鱼”，一定要“捕鱼”！不管别人是不是浑水摸鱼，我们只有天天勤快“捕鱼”，才有希望、才能“满载而归”啊！

有些人，看到同事闲着没事干，每天混吃、闲聊、串门子，或见老板不知情，在外兼差猛赚钱，心里就很不平衡、很生气！然而，我们为什么要生气？只要我们专注、坚持、执著，把做苦差事当成千金难买的积累经验、累攒自己实力的机会，相信老板的眼睛是雪亮的，总有一天，我们一定可以尝到“含泪播种、欢呼收割”的喜悦！

因此，让我们停止抱怨吧！**赶快设定目标、主动出击，因为只有勇敢踏出，才有机会啊**！

我，羡慕吉拉德一场演讲，能赚进三万美元。然而，我知道，那是他辛勤努力打下的基础，也是他辛勤争取来的！所以，让我们告诉自己，多多学习吉拉德——“年轻时，要多为明天存些本钱”。

“不管别人是否摸鱼，我一定要捕鱼！”

激励小站

有个年轻人站在海边看一老先生钓鱼。那老先生对钓鱼很有兴趣，技术也很好，他从白天一直钓到日落西山，钓了一大箩筐活蹦乱跳的鱼。

此时，年轻人对老先生说："你钓了这么久、这么多的鱼，你钓得不累啊？"

老先生对年轻人说："那你看我钓这么久、这么多的鱼，你看得不累啊？"

这故事的另一种讲法是——年轻人用很羡慕的口吻对老先生说："哇，老先生，您好棒哦，钓了这么多又大又肥的鱼。可是我来了老半天，什么都没钓到！"

老先生对年轻人说："是啊，因为你都只是在看我钓鱼呀！"

我们是不是都只在"看别人钓鱼"，而不知道自己必须赶快"用心去钓鱼"？我们是不是经常羡慕别人"钓到那么多鱼"或那么成功，却只是一直看到别人成功，"看不累"吗？怎么不立刻行动呢？

有人常会借口最近不景气，工作不好找，或自己学的那行很冷门，没有就业机会，就不去工作。还有些年轻人，身强力壮却不工作，到处去偷、去抢。可是，真的没机会吗？去年，据台北市有关部门调查发现，台北市有三成以上的摊贩，年收入超过两百万元，这些摊贩，有很多是大专学历！

可见，只要肯用心，或放下身段去“钓鱼”，即使当摊贩，其收入都会超过高级的公务人员啊！

台湾有句俗话说：“蜜蜂也会叮死水牛！”

怎么小小的蜜蜂会叮死大水牛呢？因为农人在中午休息时，把水牛绑在树下，就回家吃饭。可是水牛不小心，牛角撞到蜂窝，激怒了窝巢里的蜜蜂群，水牛被拴绑在树下，无法逃离，就被无数的蜜蜂活活蜇死！

我们如果光说不练、凡事延迟、不知实践，只羡慕别人成功、不知立刻付出行动，则这些懈怠的念头也会叮死我们这些“大水牛”啊！

第九章

种子不死，必能发芽

人生就像跑步一样，需要不断地学习、磨炼，才能跑得稳、跑得好，也唯有从不间歇地跑，才能遥遥领先于他人、捷足先登！

他花五百两黄金买“智慧”

事到手，且莫急，须缓缓想！

古时候有一个国家，非常富有，任何物品应有尽有。一天，该国国王想着：“我的国家如此富裕，但一定还有一些别国有但我国没有的东西，我应该设法把它买回来。”

于是，国王就派了一大臣，周游列国，去寻找自己国家所没有的东西。可是，大臣走了好多国家后发现，好像没有什么东西是自己国家所欠缺的。又奔走了好几国之后，大臣在一小国的市集中，看到了一个小摊位，摊位后除了坐一个老先生之外，并没有贩卖什么东西。大臣好奇地问老先生：“你在卖什么东西呢？怎么没看到东西？”

“我呀，我在卖智慧。”老先生微笑地说道。

“智慧？智慧是什么东西？好像我们国家没有！”大臣饶有兴趣地问，“智慧要怎么卖？卖多少钱？”

坐在摊位后的老先生说：“卖黄金五百两。”

“啊？黄金五百两？”哇，真的好贵！可是大臣知道，自己国家不缺钱、只缺智慧。为了能回国向国王交代，就当场花五百两黄金把“智慧”买下。

老先生收了黄金之后，就拿出一张纸条，上面写着二十个字：

“凡事多思维，切勿率瞋怒；今日用不到，必定有用时。”

大臣看了这二十个字，觉得太贵了吧！这些字也没什么了不起嘛！可是买卖既已成交，就不能后悔！

这大臣想，好不容易买了“智慧”，事不宜迟，就骑快马，赶了三天三夜的路，才于半夜回到家，准备明日上朝时，回禀国王。

可是，当大臣回家、打开房门，却发现幽暗的床帐下，摆着两双鞋子。大臣一看，不禁怒火中烧，心想：“我家只有我和太太两人，怎么我一出远门，床下又出现一双别人的鞋？”大臣愈想愈气，便拿起腰间的利刃，准备把床上通奸的两人刺死！

不过，刹那间，大臣想起了三天前刚买的“智慧”，于是重复念着：“凡事多思维，切勿率瞋怒……”结果，把床上的人惊醒了。里面的人拨开床帐，探头出来看——竟是他的母亲。原来得知儿媳妇生病，儿子又奉国王之命出远门，老人特地赶来照顾儿媳妇。

这时，大臣不禁喃喃自语说：“太便宜、太便宜了，五百两黄金不但保住了母亲和妻子，也没酿成悲剧，买回这智慧真是太便宜了！”

的确，五百两黄金换来冷静思考，保住了母亲与妻子的命，很值得。可是，有时“智慧”也是很廉价的，我们随时随地都可以学习，只要我们有心去汲取。最近我就从书刊上，看到一老前辈说："事到手，且莫急，必须缓缓想；想到时，切莫缓，便要急急行。"

让我们想想，每天是不是都在学习智慧？我们的脑袋，是不是每天都在累积智慧的"黄金"？如果我们每天只忙着无谓的交际应酬、忙着吃喝玩乐，不求进步、不吸取新知，则我们的智慧真的会愈来愈少！

有人说："台湾人很穷，穷到只剩下有钱！"

听，这是多么讽刺的一句话！我们不能穷到只有钱，而没有智慧呀！

激励小站

去年，北部一所大学博士班的一位女研究生，收到香港利丰国际信托公司的广告传单，并刮中了传单上的四等奖五十万元。她打电话去查询，对方告知须缴百分之十五所得税、入会费、手续费等名目的费用，并要求汇款至某个账户。这女研究生在汇出六十二万五千元后，发现对方电话停用了，始知上当。

后来，女研究生在父亲陪同下，向警方报案，提醒社会大众，不要再被骗了！

看了这新闻，心中十分感慨，为什么念到博士班，却没有智慧？这种诈骗手法层出不穷，报章上经常有报道，怎么还会被骗？是不是聪明增加，智慧却减少了？

所以，要获得智慧必须多方学习——在生活中学习、在书本中学习、在人与人沟通与互动中学习。

歌德说："主宰世界有三个要素，那就是智慧、光辉和力量！"

也有西方人说："智慧是经验的女儿。"的确，人必须通过经验与学习，来获得智慧。人只要有了智慧，尽管没有鸟的翅膀，但仍可以像鸟一样飞到天上去呀！

前些时，我在报上看到名作家陈若曦小姐写了一篇文章，提到念大学时的某日上午，她与一同学去看某位老师。她们俩"言不及义"地聊了一小时，眼看中午时间到了，陈若曦赶紧起身告辞，并自以为很懂事、很客气地向老师鞠躬告别，说道："不好意思，浪费了老师很多时间。"

老师笑笑说："没关系。"但忽然又说："时间就是生命，浪费时间就是浪费生命。浪费自己的生命无所谓，但浪费别人的生命，可就罪过了！"

陈若曦小姐说，当时她红着脸，唯唯诺诺，心里却像挨了一记闷棍，但后来觉得惭愧！

说真的，这真是一句有智慧的箴言呀！我们不能浪费自己生命，更不能浪费别人生命啊！而这样的智慧，我们必须随时汲取、随时学习！

千万别急着丢“酸葡萄”

“种子只要不死，必能发芽、茁壮！”

二十几年前，刚从军中退伍的张见逢，正值黄金岁月，在一家制面厂工作。不料，他的右手掌不小心被卷进制面机里，当场血流如注，使原本白色的面条顿时变成血红色面条。

虽然张见逢立即被送医急救，但右手掌却不幸被截肢了。由于早期医疗设施不足，没多久，张见逢的伤口严重发炎，最后整只右手臂全都被迫截肢。

张见逢说，当时他住在医院休养半年，生不如死，也有寻短见的念头。一天，他受不了一直住在医院，就从医院逃跑，到了头屋乡鸣凤山上的石观音寺。

张见逢原以为自己右手臂截肢，命运已经够坎坷、乖舛，没想到，石观音寺内的住持，竟因糖尿病而被截断双腿！张见逢相当震惊，看傻了眼，他原来自怨自艾地认为自己是最不幸的人，但比起没有双腿的住持，却已经很幸运了，至少仍拥有健康的左手和双腿。

看了这一幕，张见逢幡然醒悟——不能再沉沦、绝不能再怨叹，“我从哪里跌倒，就要从哪里爬起来”！

然而，他毫无积蓄，又失去右手，资金也不足，开制面厂谈何容易？很多面摊老板，看他没有右手，不但不敢买他的面，还调侃他手断了能做什么？

在受到百般羞辱、生意惨淡、没钱过活的情况下，张见逢日子很难挨，有时只吃馒头，要人家剩下的豆浆果腹。

不过，种子只要不死，定有机会发芽、茁壮！

张见逢并不认命，他凭着毅力和决心，挨家挨户推销自制的白面条。逐渐地，他做的面，慢慢被肯定，销路也愈来愈好。后来，他的制面厂不断扩充，相当有规模，聘请了许多员工。

一九九四年时，张见逢开始接触县内许多肢体残障的朋友，而后，担任苗栗县肢体伤残自强协会理事长，积极为残疾人仗义执言，并争取免费乘车服务。后来，笑脸迎人、乐观开朗的张见逢，更获苗栗县政府推荐，成为杰出身心残障人士“金鹰奖”得主。

是的，种子只要不死，它必能发芽、生长、茁壮！

有时，买到酸葡萄，千万别急着丢，只要把它打成汁、加些糖，就是一杯清凉好喝的葡萄汁，不是吗？

有一个北一女的女生，高二时父亲病逝，临终前父亲再三叮咛：“一定要考上一流大学，以光耀门楣！”

可是，她联考时竟然惨遭滑铁卢，落榜了！

天哪，怎么办？念北一女，考不上大学，多丢脸！怎么有脸回乡见江东父老？又怎能告慰亡父在天之灵？她，彷徨无助，像孤魂野鬼一样，在台北街头游荡，又疯了似的买了火车票，从北到南、从南到北来回呆滞地坐着，甚至想从这个世界上消失！

后来，她在高雄找到一位初中好友。这好友从小父母双亡，在孤儿院长大，她因些微分差没考上公费师专，只好在私人诊所当非正式的小护士。

这北一女的女孩，看着孤儿院长大的好友都能坚强地珍惜生命，她只有一次落榜，又算什么？——人怎能如此不堪一击？来年，她，终于考上一流大学！

你烦恼吗？烦恼为哪般？是家境贫穷？是长得不够漂亮、不够帅？是成绩不够好、考不上大学？还是身材像油桶、像肥猪，常被人嘲笑？

事实上，老天，从未绝人之路！

落榜？路并未绝，重新再来就好！太胖？路并未绝，努力减肥就好！家穷？路也没有绝，发愤图强，努力去赚就会富！

让我们学习——再怎么冷，手也要放在外面！

因为天冷，手放在裤袋里，人就不想做事了！只要我们双手放在外面，坚定信念、勤快做事、努力不懈，老天一定不会绝我们的路，酸葡萄也一定可以成为清凉甜美的葡萄汁！

激励小站

新闻主播马雨霈小姐，有冲劲又十分上进，凡事乐观进取。她曾接受联合报系文化基金会赞助，只身赴美国斯坦福大学东亚研究所进修。没想到，一天，她发现自己的乳房不对劲。检查后，竟然是乳癌。

一切，是那么突然，大大改变了她的人生观。当她有生以来，第一次被推入手术室时，不断告诉自己："我一定要坚强，一定要活下去，我不相信我会被击败，我一定要打败病魔、一定要回台北！"

虽然马雨霈年纪轻轻即患上乳癌第二期，但她并没有放弃学业，仍断断续续地到研究所上课。而在三个月中，她进出手术室五次，也接受化学治疗，她俏皮地对妈妈说："干脆在我胸部装上拉链好了，让医生开刀方便些！"

最后一次手术后，马雨霈在新闻部同仁热烈欢迎中，回到新闻部的工作岗位。

患了肌肉萎缩症的朱仲祥先生，一辈子无法站立，只能趴在桌上、地上、床上，但是他说："态度，决定一个人的高度！"

是的，一个人的态度，才是决定高度的要素！

马雨霈个子不很高，朱仲祥更是只能趴着，但他们的态度，大大地拉长他们的“生命高度”，也创造了他们丰富的“生命宽度”啊！

所以，或许我们可以想一想——自己的生命，是否具有抗压力与耐磨力？只有能够抗压与耐磨，才能迎接生命的挑战啊！

同时，也让我们记得——

“厄运与困顿，不会永远持续，但生命力强的人，却能永远生存。”

“不论发生何事，别灰心、别绝望，解决的方法有好多种呢！”

一个不会轻易被打败的女人

千万别忙着计划，疏于打底！

记得在报上看过一位事业有成的邓先生写的他的经验。

在念法律系大二时，小邓的“法学绪论”成绩很差，因为他既听不懂老师上课讲什么，自己也不肯花时间研读厚厚的《六法全书》，所以被老师“当掉”了。

小邓备感挫折，觉得自己很不适合念法律系，于是凭着三寸不烂之舌，说服家人，希望能够转系。

一天，小邓在参加吉他社团时，刚好遇到系上既会念书又有才华，还会打球的学长。在闲谈中，小邓提及他想转系的意愿，可是学长对他说：“我认为，最有资格转系的是全班第一名的人，因为他已经完全了解所学的是什么，才能决定自己适不适合转系……你自己努力过了吗？”

小邓一听，脑袋里“轰”的一声——是的，“我努力过了吗？……我还未曾下工夫一窥法律方面的相关知识，怎能如此快速就‘投降’了？”

于是，小邓放弃转系的念头，努力研读老师指定的课业与《六法全书》。没想到，那些知识，竟然是目前他担任执业律师的最重要的基础。

的确，有些人面对问题时，经常在还没努力时就轻言放弃、自动投降，甚至束手就擒！殊不知，问题是“杀不死”的，如果我们的心态是逃避它，而不是勇敢地面对它、正视它，问题还是会存在。就像小邓，即使转了系，又如何呢？说不定也还会埋怨老师不好、出路太窄……

前些时，晶华酒店集团发布人事命令，原晶华酒店协理徐芳，升任整个集团营销业务部副总经理。这项职务调升，是台湾地区饭店界的一大突破，而年轻的徐芳小姐，也是台湾地区女性旅馆从业员中，职务最高的一位。

其实，徐芳在高中联考时，遭到挫败，最后选择了一所五专[①]观光科就读。说真的，念五专观光科，是很不被看好的，别人可能会想，以后只能在饭店端盘子，或当个小导游。可是，徐芳的母亲告诉她：“你虽然只念五专，但没关系，不要灰心，我们不能只看事情的起点，而是要看事情的终点！”

这句话，深深影响着徐芳。的确，只念五专观光科，起点是很卑微；但是，未来的路，只要我努力，终点还是很宽广呀！

五专毕业后，徐芳考上托福，到美国的大学念旅馆管理，后来又继续修了硕士。回台湾后，她投入饭店业，并在旅馆经

①指五年制专科学校。

营、成本控制方面发挥所长。

许多年过去了，徐芳说："我是个不容易被打败的人！"她从五专生，到实习时端了两个月的盘子，一直坚持，不断吃苦，终于做到台湾地区旅馆业职务最高的女性，而闯出自己的一片天空。

徐芳，不认为五专观光科是冷门，而想转专业或轻言放弃。她未曾埋怨自己太倒霉、考不上联考、念不了名校。我们是不是一直埋怨身旁的风景不够美、环境不够好？其实，要埋怨，只能埋怨——"自己爬得不够高！"

大家都念过，"欲穷千里目，更上一层楼"，但这句话是不完全正确，因为只"更上一层楼"，是无法看见千里外的优美景色的；真正"欲穷千里目"的人，必须"更上好几十层楼"或上"摩天大楼"啊！

问题是"杀不死"的，我们不能逃避！当我们环境不如意、工作不顺遂，很想"弃守"时，不妨想一想："我努力过了吗？我真正下过工夫了吗？我是不是必须更努力、爬上几十层楼，才能眺望美景？"

激励小站

小刘参加国画班，学画石头。同学们画来画去，都不像坚硬带劲的石头，却像包子或馒头。国画老师走过来，笑了笑说："你们一定没有把'一'字写好！"

呵，笑话！小刘心想，还没念幼儿园时，我就会写"一"了，怎么说，我们念完大学的人，没有把"一"字写好？

此时，老师拿起毛笔，在宣纸上，写了好多个"一"字。他边写边说："你们看，如果把'一'字写得直而有力，再用劲一勾，不就是一块石头了吗？"

老师把每个"一"勾成"乛"，堆砌上迭，就成为一堆山石了。再把每个"丨"勾成"亅"或"𠄌"，堆在一起，看起来就成为矗立悬崖了！

老师接着说："只要你们努力地把基本的'一'字学好，就可以运用自如，不但国画画得好，书法也会苍劲有力！"

的确，有时我们常忙着计划，疏于打底；一直想往上爬，却不知打好自己的根基。当我们"一"字都写不好时，怎么写出好的书法，或画出漂亮的国画？若一心一意想念个轻松的科系、想赶快找工作赚钱，却不知先充实自己、打稳基础，那么到后来，可能徒劳无功啊！

因此，看得多，不如看得深；学得多，不如学得精。

很多人贪多、贪快，贪图快速成功。然而，就像练武术一样，必须学好扎马步，才能站得稳、才能再施展其他功夫呀！

所以，毛泽东说："什么东西只有抓得很紧，毫不放松，才能抓住；抓而不紧，等于不抓。"听起来也蛮有道理的，不是吗？

漏接那一球，改变了他的人生

赶快“让生命重新开机”！

二十多年前，是台湾地区少年棒球的极盛时期，球队经常捧回“世界杯”冠军，少年棒球运动成为台湾民众引以为傲的运动。一九七九年时，花莲荣工少棒队积极苦练，企盼勇夺台湾地区冠军，再参加远东区少棒赛。然而，荣工队在最后总决赛中，却不幸败北！

那一仗，黄荣山担任三垒手，也是球队队长，可是他竟漏接了一个快速、强劲的内野球，以致让对方攻下一分。这一失误，令荣工队军心动摇，对手却士气大振，激发出强大打击火力。最后荣工队节节败退，失去了台湾地区少棒冠军的头衔。

当时，身为队长的黄荣山，自责比任何一队员都深，因为是他的失误、漏接，才使球队输球，而无法卫冕成功。他，真是输球的“罪魁祸首”啊！

黄荣山愧疚、难过不已，也想了好几个晚上：“再打下去，我的未来在哪里？要不要再继续打球？”因为，他并不是一个非常热爱这个运动的“棒球儿童”，过去，他只是被球探发现身材很棒、跑得很快，而临时被甄选、集训数个月，就被选为队员之一。

黄荣山萌生退出球场的念头，也获得父母的支持，从此，高挂手套、弃球念书。

二十年来，身为花莲阿美族人的黄荣山，为了光宗耀祖，努力读书，考取了成功大学航天工程系。后来，他又念了台湾“清华大学”研究所、台大博士班，最后，于一九九九年获得美国加州大学洛杉矶分校机械航空工程博士学位。

黄荣山的家乡——花莲丰滨乡，是人口只有七千多人的小渔村。当他荣获美国博士学位返回故里，全乡各界莫不欢欣鼓舞，设宴二十二桌热情款待。而黄荣山说，多年前漏接的那一球，是他人生最大的转折点！假如他继续打球，或许也可以和当时一起练球的学长陈义信、黄平洋、王光辉、罗敏卿等人一样，扬名职棒赛场；但他选择了继续深造，终于圆了航空工程博士的美梦！

当然，在台湾打棒球并非没有前途，只是黄荣山认为，球场上的掌声很短暂，当一切绚烂归于平静，必须有自己的专长，才能找到真正的自己。

就像黄荣山一样，有的人也可能会因“漏接极重要的一球”，最后灰头土脸地“败北”！可是，这又有什么关系呢？

喜欢足球的人都知道，什么叫“PK大战”，就是两队在终场平分秋色时，双方各派高手出来，进行点球大战，看谁踢进的球比较多。哇，这真是“英雄与狗熊立见”、“成者为王、败者为寇”、“一踢见生死”的残酷比赛啊！

许多人应该都还记得，第二届世界杯女子足球赛上，中国队刘英有一球没踢进对方球门，垂头丧气；而美国黑人守门员斯库利则双手抬起、仰天长啸、扬扬得意。最后，美国队五球全中，赢得“PK大战”，也赢得女足世界杯冠军！

尽管如此，人生并没有一次定生死的“PK大战”，即使漏接一球，或踢不进另一球，但只要我们愿意，人生都可以“重新启动”！当我们按下“Reset键”，或重新打开“开关”，都可以让“生命电脑”重新启动，让我们的人生“重新来过”！

挫折、失败，就像漏接一球，没关系，再来就好！而人生也没有永远的“输球”，只要我们能化失败为转机，“让生命重开机”，就可以像黄荣山一样，跌倒再起，享受圆梦的喜悦。

激励小站

台南县新营市有一李姓少年，于凌晨时分潜入一户民宅的二楼行窃。不料，屋主与朋友打完麻将，正缓步走上二楼睡觉。李姓少年担心被发现，即躲入衣橱里。他原本打算等屋主睡着了，再找机会逃离，可是，他窝在衣橱内，竟不知不觉地睡着了。

隔天清晨，睡在隔壁的女主人经过该房，听见有鼾声，即循声寻找，终于发现嫌犯正躲在橱内呼呼大睡，而且，鼾声还不小呢！

警员接报后赶到现场，叫醒嫌犯。而李姓少年直喊“脚好酸”，因他在衣橱内缩成一团，五个多小时下来，双脚发麻无法站立。

这个笨小偷，怎么连在别人家偷东西，还会睡得打呼？真是太不专业、太丢小偷的脸了！迷迷糊糊、不知警醒，怎么当好小偷？难怪一下子就被抓了，而他的“生命电脑”也就呜呼“死机”了！

当然，我们不能去当小偷，但不管我们做什么，都必须战战兢兢、全力以赴，绝不能“迷迷糊糊、贪睡又爱打呼”呀！或许“生命电脑”偶尔会“死机”，但必须快想办法“重新启动”啊！

曾听“经营之神”王永庆说过，他不认为跑步是有趣的，甚至还感到枯燥乏味。但是为了锻炼体魄、培养毅力，他从一九七八年八月开始晨跑，一天也不曾间断。他不贪睡，每天固定四点钟起床，不管刮风下雨、身患疾病，还是身处异国，他都不会让自己偷懒。

王永庆告诉年轻学子：“人生就像跑步一样，需要不断地学习、磨炼，才能跑得稳、跑得好；也唯有从不间歇地跑，才能遥遥领先于他人、捷足先登啊！”

当堂堂市长，沦为阶下囚……

“苦难，不失信心；挫折，更生勇气！”

前几年报载，前花莲市长魏木村，在参选时，因涉嫌以吹风机贿选，被法院判处一年徒刑。虽然魏木村心中有无限的委屈与愤慨，但他遵从法律，勇敢地入狱服刑。但魏木村因在狱中表现优异，只服刑八个月，即提前假释出狱。

过去，魏木村是堂堂一市之长，但突然被判刑而沦为阶下囚，的确是他人生中的一大挫折，也是不堪回首的重大打击！而出狱后，魏木村彷徨地走到人生的十字路口，面临痛苦的抉择——我该何去何从？

几经考虑，魏木村先到花莲吉安乡的博爱居安庐赡养中心担任志工，帮助照顾高龄的独居老人和行动不便的长者。

魏木村过去在当市长时是西装笔挺，到处有人簇拥，但在监狱的铁窗岁月，使他的心境有极大的转变。原本有棱有角、拗又直、不易妥协、向前猛冲的个性，被磨平了许多，尤其对人世的看法，有更多的醒悟与体会。而在赡养院的志工服务，使魏木村看到许多在角落哭泣的人，同时，也体会到照顾老人及重残病患的工作，不仅需要爱心和耐心，还需具备照顾老人的专业素养，才能使被赡养的老人活得更有尊严。

于是，魏木村与太太陈丽华一起报名参加门诺医院护理人员训练班，接受理论与实务的培训。他们亲自为患者更换床单，也在床上帮患者洗脸、清洁口腔、沐浴、洗头、更衣、用餐；患者的便盆、尿壶、尿布，也要定时更换；甚至，还为患者抽痰、进行鼻胃管灌食，并协助他们上下床、坐轮椅、做关节运动……

魏木村以虚心、谦卑、求教的精神，通过层层严格的考试，终于如愿取得结业证书。目前，他们夫妇俩作为平凡的小市民和医院志工，以无私无我的精神散发爱与温馨，为患者奉献，展现人性中最光明、善良的一面！相信，走出阴霾之后，魏木村必能重新站稳脚步、东山再起！

人生，原本就会有无数的挫折，虽然魏木村过去被诬为“作票”不成，最后改判“贿选”而坐牢，但在得到惨痛教训，并付出代价后，人依然有勇敢站起来的权利！只要苦难中不丧失信心、挫折中更生出勇气，那么未来仍会充满无限希望呀！

每个人，都有自己的“旧我”。或许那些“旧我”，曾经使我们跌倒，或使我们“不光彩”，甚至被人轻看。但是，我们可以写篇“遗嘱”来告别“旧我”——过去的我已经死了，今后将会获得新生——我，活过来了，重生了！

而重生后的我，一定要坚定信念跟着“太阳”走、跟着“光明”走！因为，只要懂得感谢挫折、心向光明，就会使自己有深度的省思与成长，而再创下次生命的成就与奇迹！

事实上，魏木村出狱后，是个挫折至深且需要关怀的人，但他却突破“心墙”，选择用心去关怀伤心，以真心去安慰患者的心，这份真诚、真爱与傻劲，真是令人感动与敬佩！

证严法师说：“不要怕人笑你傻，要担心的是人家说你太聪明；太聪明就是狡猾，它不是好听的话！”

的确，如果别人说我们太聪明、太狡猾，真不是一件好事！我们宁愿有傻劲、忍辱默默付诸行动，则他日，必将有甜美的荣耀与报偿呀！

激励小站

“成功时，没人看见；失败时，民众皆知。”这句话，似可用来形容魏木村。他当花莲市长时，没多少人知道，但因贿选而被判刑时，各报却都大肆报道。

不过，人也不必气馁。人生就像打高尔夫球，再棒、再厉害的选手，也会将小白球打进沙坑、草丛，或水塘里而懊恼不已啊！可是，再怎么气愤、懊恼都没有用，最重要的是，赶快想办法把球救回来，再仔细瞄准、将球打进洞里！

西方有句谚语说道：“聪明的人，借他人经验自用；平庸的人，以自己的痛苦换取经验；愚笨的人，熬过了痛苦，却忘记了经验！”

你我不一定是聪明人，不一定知道借用他人经验。我们都常以自己的痛苦换取经验，但，我们绝不能熬过痛苦，却忘记了经验！

“失败的旧我”已经是过去了，我们必须重新活过来！因为，人要在困顿中立志、在忧患中成长，每个人只要愿意，都会有新的力量，让自己重新站起来啊！

我喜欢一句话——“人不要怕穷，要穷中立志；人不要怕苦，要苦中进取。”

是的，一个重生的人，即使暂时卑微当义工，但只要懂得改变自我、奋力向前，就是令人尊敬的高人！只要知道重建自我、远离悲情，也就是自我激励高手呀！

你的生命有“战术、战法”吗

有力黄金土，无力荒草埔！

全世界高尔夫球的天王巨星——“老虎”伍兹，1999年曾到台湾参加“尊尼获加精英慈善赛”。虽然他在这次慈善比赛中，并未名列前茅，但他在台湾引起了轰动，而且将所募到的款项全数捐出，作为九二一地震重建之用。

伍兹如何募款呢？首先，他在慈善晚会中，捐出一套球具，这套球具在预标时，已飙到四百五十万元！伍兹又在台上强调，这些球具是完全为他量身订做的，他的打球习惯与精华都在其中！

此时，主持人陶晶莹和曾志伟也在一旁帮腔——“只要握着‘老虎’伍兹的球杆，球感就有了，一定会愈打愈好！”于是，竞标的价钱，一路攀升到五百三十万、五百五十万、五百八十万、六百万。最后，这套球具由TVBS董事长邱复生，以六百八十万得标！

但邱复生上台后，随即宣布，将全套球具再次捐出，作为未来其他国家遭受灾难时的慈善拍卖品，赢得了晚会现场久久不息的掌声。

接着，是“球技指导”的竞标，也就是伍兹愿意花四十五分钟，做一对一个人教学，来指导得标者的高尔夫球技。由伍兹亲自教如何打好球，当然是一次极难得的经验，所以现场竞标价从八十八万、一百一十万，一直飙上四百八十八万！

天哪，学不到一小时的球，这么昂贵？可是，明明听不懂中文的伍兹，站在台上还摇摇头说：“这个数字不好听！”到了五百二十万时，又说“没面子”……最后，主持人再强力推销，终于落槌定案——得标者香港浤丰洋酒公司董事长李其英，得标价五百五十万元！

不过，李其英随即将这与伍兹近距离学习球技的大好机会，转送给高尔夫协会，由六位台湾地区的青少年高尔夫新秀，接受伍兹亲自指导四十五分钟。

伍兹四十五分钟的指导费是五百五十万元，你知道平均一分钟要多少钱吗？答案是——十二万元！

就这样，“老虎”伍兹个人为台湾九二一地震重建募得一千二百三十万元。

我真的羡慕伍兹有如此魅力，为地震灾民筹募巨款，当然，这是他过去无数的心血和努力，加上上天的恩赐，使他从一个默默无闻的人，一跃成为全球皆知的巨星！

客家人有句谚语：“有力黄金土，无力荒草埔。”

它的意思是——一个人如果勤奋努力打拼，土地就能生出许多“黄金”来；假若我们懈怠、偷懒、不努力，那么土地就会变成贫瘠的“荒草埔”了！

的确，伍兹过去没人知道他，但他默默学习、埋首苦练，终于成就许多“黄金土”，荣耀地搭乘专机去参加慈善赛。

有个研究所毕业生，到一家电子公司谋职，经理问他：“你对公司的要求和期望是什么？”

“嗯……我希望公司对职员的生活和出路有保障！”年轻人说。

经理一听，笑了笑，说道：“你的所学、你的专长和技术，才是你的保障，任何公司或雇主，都不可能给你保障！万一公司垮了，你怎么向公司要求保障？经济不景气、公司裁员，你向哪个主管要求保障？”

年轻人一听，满脸通红，不知如何答话，但也大彻大悟，除了自己，没人可以给我们保障——自己的专长、实力和技术，才是永远的保障啊！

或许，我们没有伍兹的命，不能以高尔夫球扬名全世界；我们也不可能像比尔·盖茨一样，创造电脑软件而成亿万富翁……但，只要我们拥有自己的专长和技术，就不怕公司倒了、走投无路，也不怕穷困潦倒、一无所有啊！

激励小站

很多人都认识乒乓球好手陈静，她原本是中国国家队选手，曾在一九八八年汉城奥运会上荣获女子乒乓球金牌。后来，国家队人才辈出，她的表现不尽理想，而转来台湾地区发展。

人，都有低潮的时候，陈静也是如此。前些年，当她遇到过去在国家队的老对手时，总是一路败，败到信心几乎都快没了。

可是，人不能总是一路败呀！陈静沉寂了一阵子，不断苦练，希望能有重夺金牌的一天。二〇〇〇年，陈静远赴澳大利亚，参加职业乒乓球巡回赛总决赛。在面对过去的老对手李菊时，陈静有些紧张，因为李菊是世界排名第二的高手，过去四年，陈静每次一碰到她就输球。不过，这次陈静沉住气、定下心，也想到她前晚在桌上写的三套战术，就从容地应战。

一路拼杀、你来我往之后，双方硬拼五局，陈静终于以三比二击败了李菊，加上先前也打败了世界排名第一的王楠，所以陈静勇夺总决赛的女子单打冠军！

陈静在赛前写了什么战术呢？陈静对记者表示，她以前比赛时，没写过战术、战法，所以脑袋总是一团糨糊，理不清、愈打愈乱。后来，她逼自己静下心来，写了三套战术，并追加六字箴言——“积极、主动、多变”，来迎战李菊。

激烈的比赛中，双方以二比二战成平手时，陈静说，她甚至有股冲动，想把纸条拿出来，再复习一遍。不过，那时她脑中自动浮现了六字箴言，也让她回了魂，而以“我变、我变、我变变变”的战术，打败了李菊。

“真有效哦！”陈静拿到金牌时，兴奋地说，“奥运比赛时，我还要写！”

我们的生命有战术、战法吗？我们有专长、实力吗？我们要如何打人生中的许多场比赛呢？是不是脑袋中只有“糨糊”、“随便打”？还是静下心，想想自己的技术、专长为何？用什么战术、战法才能赢得胜利？

写吧，写下来吧！清楚自己的方向和方法，脑袋里才不会一团糨糊呀！

第十章

可以有缺点，不能没成就

我们因为太在意别人的眼光与评价，致使自己被绑住手脚，无法发挥才华！假如，我们能够勇于为善、勇于率真、勇于突破、勇于创造，那么生命一定会更多彩多姿！

我要刚强、胆壮，奋斗才能得胜

每一分钟，都是一小时的开始！

前些年报载，周联华牧师在将满八十岁时，决定“封口不封笔”，完全退出讲坛，而专注于社会服务工作与神学著述。

周联华牧师三十五岁时，就担任蒋介石先生的牧师，在三十八岁时，出任东海大学董事长。而他在六十五岁退休、不再于教会牧会后，即奉献心力于山地乡和世界展望会。他正努力编撰一本天主教和基督教合用的《圣经》。

八十岁的周牧师常感慨“时间不够用”，经常忙到半夜才睡觉。他说：“我再做十年绝不是问题，不过，可要加紧做才可以！”

现在的周联华牧师，走路腰杆挺直、神采奕奕、笑容满面；每天做仰卧起坐，走山地脸不红气不喘，一点儿都不像八十岁的老人。有时，周牧师一时兴起，还能做弯腰运动，两手也可以轻易地平掌触地。

周牧师的毅力更是惊人，他在七十岁时才开始学电脑，现在的他，打字速度不输给年轻人，不管是写作或准备讲稿，都自己动手用电脑处理。周牧师说：“我很喜欢打电脑的！我虽然年纪大了，可是我的心理年龄可年轻得很呢！”

看到这则报道，我真是由衷地佩服周牧师，也使我忆起和周牧师认识的经过。

一九八八年元月十三日，蒋经国先生逝世，当时我担任华视记者，所以就立即安排采访主持蒋经国先生追思礼拜的周牧师。我印象很深刻，

当时，我是在新生南路的怀恩堂里做采访，而周牧师告诉我，他在追思礼拜中，将邀请幼狮合唱团，献唱一首《青年向上歌》，其歌词如下：

我要真诚，莫负人家信任深，
我要洁净，因为有人关心，
我要刚强，人间痛苦才能当，
我要胆壮，奋斗才能得胜！

我要爱人，爱敌也爱沦落人，
我要施赠，心诚义重财轻，
我要虚怀，不忘我身多弱点，
我要向上，学主榜样助人。

这首歌的旋律极为优美，我听了一次后，就喜欢上了它，并把它背下来。

后来，我采访幼狮合唱团练唱，将这首歌于华视新闻中播出。

歌曲结束时，女主播竟然热泪盈眶、哽咽……一时播不出声来。

是的，人要刚强、胆壮，人间痛苦才能当、奋斗才能得胜！可是，有时我们无法刚强、胆壮，也不敢挑战自我，致使自己未老先衰。我们怜悯自己——我已经五十，快退休了，不用再学了，颐养天年吧！然而，周联华牧师却不这样想，他天天写书法，一写就是四十多年，到七十岁才开始学电脑，还编撰天主教、基督教合用的《圣经》，到处关怀贫穷、无助、悲伤的灾民……真是可敬可佩啊！

因此，我告诉自己，我要刚强、胆壮，绝不能未老先衰，我一定要天天有目标，有希望，要学习周牧师——七十岁时仍然学习新知识，八十岁时，也要轻易地弯腰触地。哈！

激励小站

哥伦布第一次航行在没有海图的北大西洋时，在他私人的航海日志上写下了这样一句话：

“今天我们仍然继续航行，方向西南。”

当时，情况非常恶劣，很不乐观，因为暴风雨不断侵袭，已损及小桅船，而船上也有一些水手酝酿要叛变。哥伦布在茫茫大海中，感到希望逐渐渺茫，信心似乎也开始动摇。

然而，在无助之时，哥伦布回过神，靠着直觉与智慧，坚定地下了决心——“今天我们仍然继续航行，方向不变！”前进，再前进。最后，他终于找到新大陆。

我们每天是否坚定地告诉自己：“今天，我仍然继续航行，不停歇地努力！”或是，脚步停止了、不再前进了？

有些人三四十岁，但看起来像五六十岁，早就没斗志了。也有些人已经八十岁了，却生龙活虎地积极做事，看起来只有五六十岁。

“立刻找点事做吧！”——这是个警钟，告诉我们，每天要“继续航行”！年纪大了不是问题，像周联华牧师，他仍找许多事做，让生命更有意义！

不要以为一分一秒过去，没啥大不了。事实上，每一分钟都是一小时的开始。我们若能随时把握一分钟，开始动手找事做，许多一分钟加起来，就可以成就许多大事啊！

哥伦布因发现新大陆，而在历史上留名。其实，我们也可以发现“心大陆”，发掘全新面貌的“自我”！只要我们肯花心思、肯自我要求，天天有期许、有希望，则我们发现“心大陆”的成就，也可以媲美哥伦布啊！

你一生中有多少建树

我们要不畏嘲讽、勇于造梦！

如果有人问你可以背几个电话号码？仔细想想，或许十个、二十个、三十个……最多，大概五十个吧！

报载，新竹县新埔镇有一位魏平永先生，平时以开出租车为业，今年五十岁，育有三男一女。魏平永说，他能背诵两千个电话号码！天哪，真有够夸张，怎么可能背两千个电话号码？

很多人都不相信，连新埔镇长也不相信！一天，范姓镇长就公开地对魏平永“考试”，随机抽试数十个新竹地区重要人名、商号、公家机关、里长、镇长、各级学校的电话号码。结果，魏平永背诵出来的电话号码，竟然完全无误，在场的所有人无不啧啧称奇！

曾有人问魏先生，为何会如此“无聊”，去背那些毫无意义的电话号码？魏平永严肃地说：“人没有十全十美，每个人都会有缺点。可是，虽然人可以有缺点，却不能终其一生都毫无建树，连一项成就都没有！”所以，魏平永决定要求自己——一定要拥有一项别人比不上的才能，这样人生才会过得有意义！

魏平永心想，他从念书以来，记忆力一直很不错，比其他同学都好。加上同事曾向他提及，听说苏志诚先生记忆力一流，传言可以背出一千多个电话号码。当时，魏平永就想："别人能，我一定也可以！"所以，他就开始天天背电话号码，希望有一天能向苏志诚或世界纪录挑战——"我是全世界背电话号码高手！"

魏平永说，能背下两千多个电话号码，关键在于决心与毅力，只要有决心、不怠惰，绝对可以达成目标！

乍看这则有趣的新闻，觉得魏先生似乎是个"无聊的有心人"！

无聊的是，他干吗背电话号码？但，令人敬佩的是，他竟然如此有决心、有毅力，化不可能为可能，练就了一项别人比不上的专长！

人要获得成功，不就是常常要做些别人不想做的事吗？

人要取得成就，不就是常常要做些别人认为不可能的事吗？

当然，背电话号码是个极特殊的例子，但这个例子却给我们很大的启示——你我都不能在一生中毫无建树、连一项成就都没有！我们必须学习魏平永的精神，挑战自己内在已"生锈"的潜能，找出自己优于别人的才能啊！

听说过黄美廉女士吗？她是一位脑瘫患者，一出生，语言与运动神经就被伤害，长大后，不但口齿不清，手脚也不听使唤，会不由自主地抖动。

在六岁之前，黄美廉只能软绵绵地趴在床上，但她父母并未放弃她，除了带她四处求医之外，还教她认字。事实上，她的智力是正常的，还没上小学时，就可以自己看童话故事书。

上小学后，因黄美廉无法控制双手写字，整整一年，黄妈妈每天下午握着美廉的手，带着她写功课。黄妈妈告诉她："你要对自己的生命负责，我只能帮助你，但不能代替你写功课。"

一年后，黄美廉渐渐可以自己握笔写字了！

后来，黄美廉十四岁时，全家移居美国。在不断克服生理、心理障碍后，她最后获得博士学位，独自返回台湾，贡献所学，成为知名的"脑瘫画家"！

黄美廉说，她现在走在路上，也有小孩会喊她"白痴"。但她觉得"于我何干"，只要对自己有信心，"没有一件事情会让我们羞愧"！而且，"绝不要因别人的嘲笑，而灰心丧志；只要有决心、有毅力，上帝一定会鼓励我们的"。

是的，**只要我们坚定信念、执著于目标、为自己生命负责，那就没有一件事情会让我们羞愧。**

让我们在挫折中不断学习、不断进步。黄美廉博士的故事，不正告诉我们——学习使人成长，成长使人喜悦吗？

激励小站

台东县有一所高职的男学生，在校门口正对面的民房上，挂上一幅大海报，祝一名女学生生日快乐！但学校教师认为此举不妥、“此风不可长”，所以叫人把大海报取下。

这个“花边新闻”引起许多学生的热烈回应，还认真地讨论男同学该如何向女同学祝贺生日，才让教师感觉“妥”？

有人认为，应该先请过生日的女生上台，然后班长踢正步走向女生，再敬礼，全班高喊“生日快乐”！

也有人认为，中午在学校餐厅用餐时，男生端坐于椅子的三分之一处，抬头挺胸，在“开动”口令之后，男生一齐高喊“生日快乐”！这样，应该会比较符合教师“妥”的标准。

看到这有趣的新闻，觉得那男学生真有创意，也让我想起，多年前在美国念书时的一段往事。一次正在二楼上课时，有一男生突然从窗外的树上翻爬进教室。正当大家莫名其妙时，这男生在老师、同学众目睽睽之下，从容、镇定地带一束花，走向一女生前面，然后将花献给她，并对她说：“Happy birthday！”说完，这男生就扬扬得意地从前门走了出去。

哇，全班哄堂大笑，也有人大声鼓掌叫好！那女生则红着脸，看着花，既开心又不好意思！

我真觉得，这男生很勇敢，他不在乎别人的眼光，真心地表达他的情意！或许有人会觉得他无聊或“神经病”，但他这种有创意、有勇气又不伤害别人的做法，赢得了大家的叫好和掌声。

有时，我们因为太在意别人的眼光与评价，致使自己被绑住手脚，无法发挥才华！假如，我们能够勇于为善、勇于率真、勇于突破、勇于创造，像黄美廉女士一样不畏嘲讽、勇于造梦，那么生命一定会更多彩多姿！

拎着“断手臂”走路的小孩

最困难时，就是离成功不远了！

前些年，报上一则发生在美国俄勒冈州的新闻，深深吸引了我的目光。因为俄勒冈大学是我念博士班的母校，也是森林湖泊众多、美丽如画的地方。

该新闻说，俄勒冈州东部克伦恩镇的偏远郊区，有个名叫亚当斯的十二岁男童，他的右臂被缓缓转动的农具机辗断。当时，他的家人全部外出，在疼痛不已、求救无门的情况下，他从地上捡起他的右臂，走了二十多米，爬上一辆车子，朝镇上开去。

他的右臂血流如注，令他痛苦难挨。当他试着用左手开车时，勉强开了一百米，却撞到了路边的树，车子动弹不得。这时，他又拿起他的右臂，冲向家中另一辆车子，忍着痛楚，继续用左手慢慢开着车，才平安到达镇上。下车后，又拎着右臂，走了约三百米，找到他老师史蒂文斯的家，请求援助。

亚当斯进入老师家时，全身是血，他抱着自己的右臂，气喘吁吁却镇定地向老师要一杯水喝。老师一看，吓了一大跳，赶快打电话叫救护车，并找来亚当斯的父母。

史蒂文斯老师表示，亚当斯在等待救护车时，还不断安慰及时赶到、焦急万分的双亲说：“爸、妈，对不起，我不小心把右臂弄断了。妈，你不要哭……”

这时，三位义务急救人员也赶到，立刻为亚当斯保暖，给他氧气，并把断臂用塑料袋和毛巾包起来，四周再包裹上冰块，小心翼翼地放入手提冰箱。

后来，亚当斯被送到哈尼地区医院，医师先为他清洗断臂的伤口，再派救护飞机把亚当斯送到波特兰市的儿童医院。在紧急的缝合手术中，医师用金属片和钉子把骨头慢慢接上，再用显微镜，用比头发还细的缝线，慢慢将血管和神经缝合。

经过长达十个小时的手术后，亚当斯的右臂已经接了回去，但他还必须接受两三次的手术，才能使接回去的右臂恢复感觉和活动。

看到这则新闻，我的眼睛泛着泪光，脑海中浮现着那令人震惊的一幕——他，十二岁的小男孩，满身是血，拎着自己的右臂，左手开车，撞到路边的树后换车，又独自走到老师家求援……

难怪，老师史蒂文斯后来对记者说：“这真是神迹的见证！他如此镇定，意志力如此坚强，要换成是我，我八成当场昏倒，失血而死！”

人的一生，会遭遇许多意外或是天灾人祸。但是，人必须选择希望，不能选择绝望；人必须选择乐观，不能选择悲观！就像亚当斯一样，始终永葆信心于不坠。他拎着右臂、咬紧牙关，即使全身是血，抑或车动弹不得，都要坚持到底、永不放弃！

你我，都是在生命中奋斗的人，都不能悲观，也不能怨天尤人，我们必须学会跌倒了，要自己爬起来！

因为，**每个人都有无限可能，只要不泄气、不放弃，忍住泪水、继续努力，必能发挥坚强的韧性，活出亮丽的生命。**

激励小站

每个人的心中，都有着一座“无线电台”，这“电台”可以收到来自各地的讯息。假如我们收到美善、希望、快乐、欢愉、勇气、信心、力量……的信息，我们就会充满活力！相反的，如果我们心中的电台“没电了”，收不到任何信息，则我们的心就如同被厚厚冰雪所封锁，作废了！

我们都应抱着无限希望生活下去，就像本文中的亚当斯一样，即使拎着手臂，也抱持希望与勇气，绝不放弃！

拿破仑曾说：“最困难的时候，也就是离成功不远的时候！”

的确，在最困难、最危急时，人们才会激发出内在的潜能，才会爆发出生命的大动力！多少聪明人和天才，一辈子平平庸庸过日子，没有辉煌的成就，为什么？因为他没有迎向困难，也没有爆发出生命的大动力！

许多人成功，是因为他们把困难踩在脚底下，不把它放在眼里，凭着信心克服它，最后才会“困难出英雄”啊！

基督教会中，有一家慈善机构名为“芥菜种会”。为什么称“芥菜种会”呢？因《圣经》上说：“你们若有信心像一粒芥菜种子，你们就没有一件不能做的事了！”

凭着这个信念，美籍传教士孙理莲女士，于一九五四年来台创立芥菜种会，通过向美国各界募款，来医治、照顾台湾地区的麻风病、乌脚病、未婚妈妈、山地少女等弱势群体。

真的，我们必须有信心像“一粒芥菜种子”，绝不放弃任何一丝希望。我曾在花莲山地乡一所小学看到一棵树，它，坚强地从墙壁与地面的裂缝中冒出头来；它，傲然挺立、绿叶茂盛，还开了许多花朵呢！

我们，一定也能从裂缝中“冒出头来”！——只要我们有“一粒种子”的信心！

你真的不像射手座

“卦，就在你我心中！”

曾认识一个女孩——雪娥，她在念大学时，都不敢交男朋友。为什么？因为上大学前，她去算命，算命先生告诉她：“你自由恋爱的对象，都不会有结果，而且结局一定会很凄惨。你以后结婚的对象，一定要由别人介绍，相亲而成！”

雪娥对算命先生的话深信不疑，自己也钻研紫微斗数、星座、血型。她知道，自己是牡羊座的，将来相亲的对象，一定要牡羊座、射手座或狮子座的。而且，血型也一定要是A型或O型。噢，对了，算命先生还说，对象一定要住在大甲溪以南，这是命中注定的姻缘！

大学毕业后，很多人帮雪娥介绍男友，但都因星座与血型不合，所以一直没有结果。后来，雪娥的同事兴奋地告诉她，说有一职业军人，很符合她的三项条件！于是，雪娥就满心期待地去相亲。

“怎么样？相亲结果如何？”同事问雪娥。“很好，我从来没见过跟我如此相合的人！”雪娥说。“真的啊，你们那么有话聊啊！”

“不是，是很难得符合我全部的条件——射手座、A型、家住彰化，也有正当职业。而且算命的说，我最近红鸾星动，感情会有进展！”雪娥喜悦地说。

不到半年，雪娥就和他结婚，真是太顺利了，谢谢算命先生指点迷津！

婚后第一个情人节，雪娥要老公请假，一起去度浪漫的情人节。

“什么，请假？我是军人，怎么可以随便请假？”老公说。“哎呀，难得浪漫一下嘛！”“浪漫？天天都生活在一起了，还有什么好浪漫的？请假过情人节，万一被长官查到，以后还想不想升官？”老公义正词严地说。

“喂，你很奇怪耶，你这射手座的人，怎么这么不懂得浪漫啊？人家射手座的，都会送花，很懂得罗曼蒂克，你怎么那么笨，一点都不懂？我真的不了解你耶？”

“你本来就不了解我，你只是了解我的星座，我本来就不喜欢花，也不懂什么浪漫，你为什么一定要我去喜欢？”老公愈说愈不高兴。

“可是，射手座的人本来就是要很浪漫的啊！”

“拜托你不要一直讲什么鬼星座好不好？你就当我是抱来的，我的出生年月日都是错的，这样可不可以？”

后来，雪娥有一次很认真地对我说：“我真的很怀疑我老公是我公婆晚报了户口，他真的不是射手座的，他比较像上一个星座的……”

有人说，人愈不顺，经济愈不景气，算命先生生意愈好！在无法测知未来的情况下，有人相信算命、星座、血型，也深信吉凶必有兆！可是，自己的命运，为什么要托付在别人手里？自己为什么不能选择自己的人生？

人那么愿意相信算命、星座，为什么不相信——心吉，则诸事皆吉？

吉凶，原本没有差别，只是我们一念之间的想法罢了！殊不知——

“卦，就在你我心中啊！”如果太相信算命、星座之说，则原本好好的命也可能被江湖术士算掉了！最重要的，是自己的信心早就给算没了！

我有个朋友，她生了一对双胞胎。可是，两个小孩一直到满月都没有名字。为什么？因为她想的名字，先生不喜欢；先生想的名字，她也不喜欢。在公公的建议下，就花钱去找一个很会取名的算命先生，帮忙为小孩取名好了。

算命先生说，名字要算“吉祥笔画”，将来小孩的命才会好。可是，算命先生出了远门，拖拖拉拉，还没想到好名字。

满月时，双胞胎都感冒、发高烧，送去医院挂急诊。可是护士说，小孩不能享有健保给付[①]；因为小孩没名字、没办户口登记，就不能享有健保。

于是，夫妻俩赶紧帮双胞胎随便取个名字，立刻去办户口、健保。因为——小命都快没了，还管他什么算命、什么吉祥笔画？

因此，卦，在我心；心吉，凡事皆吉！

我们一路走来，平顺固然可喜，挫折亦不可悲。活得平安、活得自信、活得像自己最重要，千万别把自己的命给“算薄了”哟！

激励小站

有个王小姐，认识了有妇之夫，成为破坏别人婚姻的第三者。在情感与理智纠缠不清的情况下，她歇斯底里、精神崩溃而住进医院。

“命啊，命运捉弄啊，我命苦啊！”王小姐不时地怨恨哭叫。

后来，王小姐被接回老家，暂时逃离伤心的环境。一天，她小学好友邀她外出散散心。在好友家里，王小姐看到好友的阿姨蓬头散发、衣衫不整，手中还抱着洋娃娃，口中喃喃自语……王小姐十分讶异，她阿姨以前不是美女吗？怎么为情所

① 台湾地区实行的医疗保健制度。

伤之后，竟变得精神错乱，发疯了？

“我……我绝不要和她一样发疯！”看了这一幕，王小姐坚定地告诉自己。

是的，如果换成是我们，我们也不能和她一样“发疯”！命运有时虽很无情，但我们仍必须打败命运啊！如果太相信宿命，一切都推给命运，则原本好好的一个人，也可能自作孽而发疯啊！

有个教授，上课时走进教室，他跟同学们说“早”！

可是，很多人没有响应。那教授站在台上，看了看台下的同学们，他看到神情忧郁、心情不佳的小惠，就问道：“小惠，今天天气这么好，你好吗？”

原本微低着头的小惠，抬起头，愣了一下，说：“我？……说我吗？……我很好！”

“你很好？可是，你怎么没有通知你的脸孔，说你很好呢？”教授对小惠说道。

所以，卦，真在你我心中；卦，也写在你我脸上！

莎士比亚曾说：“啊，命运，命运，所有人都说你轻浮、善变！”

是的，命运很轻浮、善变，只要我们脸上喜悦，就会凡事皆吉；而脸上忧愁，就会凡事皆凶！

老布什七十五岁“跳伞庆生”

“一个今日，胜过两个明天！”

一九九九年六月十二日，是美国前总统乔治·布什的七十五岁生日。为了让自己的生日更有意义，老布什选择了“跳伞庆生”，同时为得克萨斯农工大学设立的“乔治·布什图书暨博物馆”奠基。

天哪，都七十五岁了，还要跳伞，有没有搞错啊？是不是脑筋有问题？不怕一把老骨头散落一地？不，老布什的脑袋绝没问题，身体也还算硬朗，他只是希望，在上了年纪之后还能不断自我挑战！

奠基当天，老布什穿着白色运动服，站在四千米高的飞机舱口，深深吸了一大口气，然后一跃而下！老布什凌空落下一千三百米之后才拉开伞，而白色的方形伞，在他的操控下，准确地降落在图书馆旁的草坪上。

老布什安全降落后，参谋长联席会议主席、陆军特战队出身的四星上将谢尔顿，也率领一群人从飞机上鱼贯跃下，一起在天空中滑翔，向前总统布什致敬。

其实，七十五岁跳伞，可能是全世界最高龄的一跃，也是老布什的第三次跳伞。第一次是一九四四年，当时老布什才二十岁时，驾驶鱼雷轰炸机被日本军机击中，只好弃机跳伞逃生。但因头部撞到机舱盖而昏迷，掉落太平洋里，幸好被美国潜艇救起。

五十多年后，老布什于一九九七年，在亚利桑那州，自愿跳了第二次。虽然这次有所进步，没撞到机舱盖，但着陆时动作不够利落，老布什头部还是挨了一记重击，还好戴着头盔，并无大碍。

而老布什七十五岁的第三次跳伞，动作十分标准、利落，完美无缺，所以他意犹未尽地说："说不定八十岁时，我还要再跳一次！"

老布什在着陆后，对着现场不断欢呼的数百名人士说："我虽然上了年纪，但还是可以做很多事，而且能够做得很好！……我们的生活有很多选择，大家不一定要跳伞，不过，不要像我前些时那样，每天猛看电视！"

老布什又说，前参议员格伦七十七岁重当航天员、再回太空，给他无限的启示。他现在以七十五岁高龄跳伞，只是希望鼓励更多人，能多走向户外，并发现自己各种不同的潜力。

在日本，有位知名的浮世绘大师歌川丰国，于九十六岁高龄时，获得大阪近畿大学通知，他已通过严格的笔试和口试，可于一九九九年四月进入法学院就读。

身为浮世绘家族第六代的歌川，出生于一九〇三年。第二次世界大战后，曾在贸易公司担任主管数十年。一九七二年时，回到他的绘画艺术世界。然而，为了追求更多的知识，歌川说，他将在近畿大学研读四年，再继续念研究所，而且，“可能的话，我还希望能拿到博士学位。”

哈，爱说笑，百岁拿博士，怎么可能？

然而，这是一个梦想，也绝对是人类最艰难的挑战——全世界第一位攻读到博士的百岁人瑞！让我们给予歌川真心的祝福吧！

事实上，梦想并不是年轻人的权利。

中年人、老年人，也都应该有梦。因为，心中有梦，人就年轻啊！

而且，人的年纪可以变大，但生命力不能下降啊！

有句俗语说：“**人不怕才不够，只怕志不立！**”

是的，女人四十“一枝花”，男人四五十也可以是“一条龙”！

疲惫了吗？倦怠了吗？有志未酬吗？怀才不遇吗？生不逢时吗？——不，虽然有时生命的时间，已经过了中午，或慢慢地接近夕阳。然而，你我不管是青年、中年或老年，都不能放弃造梦的权利！

英国作家史蒂文森说：“志气这个东西是可以传染的！”

的确，我们不要被感染乙型肝炎，但都很需要被感染志气！

赶快去被“感染”一下志气吧！**只要我们不断向奋斗不懈的人学习，笼罩在积极进取的环境与心境之中，我们的梦，就会逐渐实现！**

激励小站

有一个年轻人，和老布什一样练习跳伞，不巧掉到一棵大树上面。那时，刚好有一个人从树下经过，年轻人赶紧问那路人：“请问我现在人在哪里？”

“你在树上啊！”路人说。

这时，被卡在树上的年轻人说：“我猜你一定是一位牧师！”

“咦，你怎么知道？”路人非常惊讶地问。

“因为，你说的话都不假，但对我却毫无用处啊！”年轻人说。

写完本书后，我真盼望读者们在碰到我时，不会像被卡在树上的年轻人那样说：“你说的话都不假，但对我却毫无用处！”（此时真是庆幸，自己不是牧师，哈！）

其实，人所说的话，或书中所写的内容有无用处，完全看我们是否能够吸收、体会，并运用、实践在我们的生活之中。

富兰克林说："一个今日，胜过两个明天。"

今年五十岁的我，看到这句话，不由警惕——生命短暂，我们都必须把握今日、珍惜现在，并且寄希望在明天，尽全力在今天呀！